진주성
촉석루

진주문화를 찾아서 20

진주성 촉석루

1판 1쇄 발행 2019년 8월 30일
1판 2쇄 발행 2023년 1월 13일

지은이 | 황의열
사 진 | 유근종
펴낸이 | 김진수
펴낸곳 | 한국문화사
등 록 | 제1994-9호
주 소 | 서울시 성동구 아차산로49, 404호(성수동1가, 서울숲코오롱디지털타워3차)
전 화 | 02-464-7708
팩 스 | 02-499-0846
이메일 | hkm7708@hanmail.net
홈페이지 | http://hph.co.kr

ISBN 978-89-6817-805-4 04380
ISBN 978-89-6817-803-0 (세트)

오류를 발견하셨다면 이메일이나 홈페이지를 통해 제보해주세요.
소중한 의견을 모아 더 좋은 책을 만들겠습니다.

진주문화를 찾아서 20

진주성 촉석루

황의열 · 글 ┃ 유근종 · 사진

한국문화사

〈진주문화를 찾아서〉를 새롭게 시작하며

최근 진주에서는 1억 1천만 년 전 백악기에 공룡들이 무리 지어 살았다는 것을 보여주는 화석 단지가 발견되었다. 사람들이 언제부터 이곳에 살기 시작했는지는 정확히 알 수 없지만, 자연의 역사가 오래되었다는 것은 분명하다. 그리고 신석기나 청동기 유적이 곳곳에서 발견되니 기록 역사 이전부터 오늘날 진주라는 곳에 인류가 살았다는 것도 틀림없는 사실이다. 가야시대의 역사 흔적이 쉽게 발견되는 것도 많은 사람들이 이곳을 삶터로 삼으면서 통치 기구가 형성되어 있었다는 것을 보여준다. 게다가 1,300년 전 통일신라시대에 전국을 9주로 나누었을 때(신문왕 5년, 695년) 이곳에 청주(菁州)라는 주의 치소[관청 소재지]를 두었다는 것도 행정 중심지로서 오랜 역사를 갖고 있다는 것을 뜻한다. 그 뒤에 강주(康州), 청주로 이름이 번갈아 바뀌다가, 1,000년 전 고려 때 진주로 바뀌면서(성종 14년, 995년), 진주라는 지명이 굳어지게 되었다.

오랜 역사를 통해 만들어진 사람들의 삶의 자취가 이 지역 곳곳에 자연의 흔적으로, 문화로, 기록으로 남아있다. 문화는 좁은 의미의 예술이나 장인 활동이 아니다. 그것은 사람들의 삶의 방식이며, 역사의 흔적이기도 하다. 우리는 '진주 문화'를 찾아가고 있다. 곧, 오랫동안 큰 고을로 이름을 날린, 또 우리 민족의 역사적 변곡점이었던 현장이기도 한 이곳 진주의 역사, 문화, 또 여기서 살아온 사람들을 기억하고, 기록하고, 탐구하려고 한다. 더 나아가 시민들이 진주 문화를 쉽게 이해하고 배우는 데 도움을 주고자 한다.

오늘날 우리들이 살고 있는 환경은 빠르게 바뀌고 있다. 세계가 한 마을처럼 좁아져 가고 있다. 과학에 힘입어 통신과 교통이 발전하면서 지식과 정보가 더욱 중요해지고 있다. 이른바 전지구화 사회, 지식정보 사회로 바뀌는 가운데 사람들이 만들어내는 환경 문제, 사회 문제는 다음 세대가 감당할 수 있을까 염려되는 수준으로 악화되고 있다. 이런 상황에서 우리는 진주의 역사와 문화를 제대로 들여다보는 것이 더욱 중요하다고 깨닫는다. 우리들이 살고 있는 지역의 역사와 문화를 올바로 아는 것이 우리 삶을 더욱 살찌우고 격조 높게 만들어가는 길이라고 믿기 때문이다.

〈진주문화를 찾아서〉 책자 발간은 새천년으로 넘어올 때 처음 시작되었다. 지난 20년 동안 우여곡절을 겪으면서도 여러 책이 나왔다. 예정보다 더디게 나오기도 하였고, 출판사가 바뀌기도 하였다. 처음에 '지식산업사', 그 뒤에 '문화고을' 그리고 '알마' 출판사가 지역 문화와 역사를 귀중하게 여겨 출판을 맡아 주셨다. 이 자리를 빌려서 이 세 출판사에 고마움의 인사를 드린다. 여러 사정으로 이제 출판사를 바꾸어 다시 출발하고자 한다. 어려운 출판계 형편에도 지역 문화를 드높인다는 큰 뜻을 갖고 우리와 협력하기로 약조를 맺은 한국문화사에 감사드린다.

〈진주문화를 찾아서〉가 지금까지 이어질 수 있었던 것은 오로지 남성문화재단 김장하 이사장님의 열의와 후원 덕분이다. 긴 세월 끊임없이 발간 비용을 맡아 주시며 시민들이 쉽게 읽을 수 있는 책이 되도록 독려해 주시는 것은 진주 사랑이라는 특별한 마음가짐 없이는 어려운 일이다. 김장하 이사장님의 후의와 성원에 진주 시민으로서 마음 깊이 고마움을 전한다.

새로 출발하는 이 시점에 우리는 한 분을 특별히 기억하려고 한다. 편간위원회를 구성하고 〈진주문화를 찾아서〉 시리즈를 기획하고 발간을 추진해 온 김수업 전 진주문화연구소 이사장님이다. 지난해 불치의 병으로 세상을 떠날 때까지 편간위원장을 맡아 삶의 마지막 순간까지 좋은 책이 나오도록 애쓰시며 진주 문화 발전에 온 힘을 쏟으신 김수업 전 편간위원장님의 노고에 감사드리며, 저 세상에서 편안한 안식을 누리시기를 기원한다.

〈진주문화를 찾아서〉의 발간을 새롭게 시작하지만, 지금까지 해 온 것과 크게 다르지 않을 것이다. 진주의 역사, 문화, 인물 등에 대하여 시민들이 쉽게 읽을 수 있는 책을 만들려고 하는 것은 처음 마음 그대로이다. 그러나 뜻대로 안 되는 것도 적지 않을 것이다. 또 부족한 부분도 많을 것이다. 읽으시는 분들의 채찍과 가르침을 부탁드린다.

2019년 8월
〈진주문화를 찾아서〉 편간위원회

차례

진주라 천 리 길

진주라 천 리 길을 내 어이 왔던고.
촉석루의 달빛만 나무 기둥을 얼싸안고
아~ 타향살이 심사를 위로할 줄 모르누나.

「진주라 천 리 길」(1941년. 작사 이가실, 작곡 이운정, 노래 이규남)

진주는 멀다. 출발지가 어디인지는 따지지 않는다. 서울에서 와도 멀다 하고, 대전에서 와도 멀다고 한다. 서울 사람과 진주 사람이 대구에서 만나면 서울 사람이 진주 사람에게 멀리서 오느라고 수고했다고 한다. 외지인에게 진주는 어딘가 아득한 남쪽이다. 그 멀고 먼 진주에 객지 사람이 왔다. 타향살이에 고달픈 심사를 달랠 길이 없다. 달밤에 촉석루에 올라 기둥에 기대선다. 발아래로 흘러가는 남강을 굽어본다.

진주에 가면 남강이 있다. 남강에서는 사람들이 고기도 잡고 미역도 감았다. 아낙들은 빨래 바구니를 이고 남강으로 나왔다. 남강은 진주 사람들이 일하고 휴식하는 삶의 터전이었다. 진주 사람들의 온갖 애환이 모두 거기 스며 있다.

울도 담도 없는 집에서 시집살이 삼 년 만에
시어머님 하시는 말씀 애야 아가 며늘아가

진주 낭군 오실 터이니 진주 남강 빨래 가라

진주 남강 빨래 가니 산도 좋고 물도 좋아
우당탕탕 두들기는데 난데없는 말굽 소리
곁눈으로 힐끗 보니 하늘 같은 갓을 쓰고
구름 같은 말을 타고서 못 본 듯이 지나더라

흰 빨래는 희게 빨고 검은 빨래 검게 빨아
집이라고 돌아오니 사랑방이 소요하다
시어머니 하시는 말씀 애야 아가 며늘아가
진주 낭군 오시었으니 사랑방에 들러 봐라

사랑방에 올라 보니 온갖가지 술을 놓고
기생첩을 옆에 끼고서 권주가를 부르더라
건넌방에 내려와서 아홉 가지 약을 먹고
비단 석 자 베어 내어 목을 매어 죽었더라

진주 낭군 이 말 듣고 버선발로 뛰어나와

진주라 천 리 길

내 이럴 줄 왜 몰랐던가 사랑 사랑 내 사랑아

화류계 정 삼 년이요 본댁의 정 백 년인데

내 이럴 줄 왜 몰랐던가 사랑 사랑 내 사랑아

너는 죽어 화초 되고 나는 죽어 나비 되어

푸른 청산 찾아가서 천년만년 살아보세

어화둥둥 내 사랑아 어화둥둥 내 사랑아

어화둥둥 내 사랑아 어화둥둥 내 사랑아

「진주난봉가」(『창악집성』)

남강에서 빨래하는 아낙(국립중앙박물관 소장)

시골의 순박한 아낙은 고된 시집살이를 묵묵히 받아들인다. 남편이 곧 올 터이니 빨래를 하러 가라는 시어머니의 경우 없는 명을 거스르지 않는다. 그런데 아내를 본체만체하고 빨래터를 지나가 버리는 남편에게 모욕감을 느낀다. 시어머니는 빨래를 다하고 돌아온 며느리에게 남편이 있는 사랑방에 가 보라고 한다. 아마도 시어머니는 사랑방에서 어떤 일이 벌어지고 있는지 알고 있으면서 한 말이었을 것이다. 거기에서 남편이 기생첩과 질펀하게 놀고 있는 장면을 목도한 아낙은 또 한 번 심한 모욕감을 느끼고, 그런 상황에서 아무런 저항도 하지 못하는 자신에게 자괴감을 느낀다. 더 이상 아무 말도 필요하지 않다. 망설일 것도 없이 죽음을 택하는 것으로 남편과 시어머니에게 복수한다. 「진주 남강」 또는 「진주난봉가」라는 이름으로 알려진 이 노래 가사에서 우리는 진주 여성의 결기를 본다. 남강은 아는지 모르는지 무심하게 흐른다.

촉석루 없는 남강을 생각하고 싶지 않고, 남강 없는 촉석루는 더욱 생각할 수 없다. 진주성 촉석루는 주변의 풍광도 아름답지만, 역사의 현장이라는 측면에서 많은 이야기를 안고 있다. 임진왜란 당시 성을 지키다가 순국한 삼장사를 품었고, 왜적에게 목숨을 잃은 수많은 병사와 백성들의 마지막을 지켜보았다. 이제는 도심을 가로지르는 남강을 굽어보면서 진주의 구심점 역할을 하고 있다. 촉석루 아래에서 유등

축제를 하고, 촉석루 위에서는 전통을 되살리는 각종 행사가 재연되고 있다. 시민들은 촉석루 난간에 기대 남강의 시원한 바람을 쐬고, 저녁엔 진주성 이곳저곳을 산책한다. 이제는 진주의 상징이 된 촉석루에는 그동안 어떤 역사가 있었는가? 먼저 촉석루의 고장 진주의 역사부터 차근차근 살펴보자.

진주라는 이름

진주는 주변 곳곳에서 청동기 시대 유물이 발견되어 오래전부터 이미 사람들이 살고 있었던 것으로 추정하고 있다. 삼국 시대 때부터 지리적으로 중요한 위치를 차지하고 있던 진주는 삼국 시대 때에는 강주(康州)라고 불렸다. 강주에 대해 『삼국사기』「지리지」에는 다음과 같이 소개되어 있다.

강주는 신문왕 5년, 당나라 수공(垂拱) 원년(685)에 거타주(居陀州)를 나누어 청주(菁州)를 설치하였다가 경덕왕이 강주로 이름을 고쳤다. 지금의 진주이다.

그런데 거창현(居昌縣)의 연혁을 소개하면서 "거창군은 본래 거열군(居烈郡)[혹은 거타(居陁)라고 이른다.]인데 경덕왕이 이름을 고쳤다. 지금도 그대로 따른다."라고 한 것을 보면 본래 진주와 거창은 모두 거열군에 속했다가 나뉘었음을 알 수 있다.

『고려사』「지리지」에는 다음과 같이 기록되어 있다.

> 진주목(晉州牧)은 본래 백제의 거열성(居列城)[일명 거타(居陁)]이었는데, 신라 문무왕 2년(662)에 탈취하여 주(州)를 두었고, 신문왕 4년(684)에 거타주를 나누어 청주총관(菁州摠管)을 두었다. 경덕왕 때 강주(康州)로 고쳤다가, 혜공왕 때 다시 청주라고 하였다. 고려 태조 때 또 강주로 고치고, 성종 2년(983)에 처음으로 12목(牧)을 두었는데, 강주도 그중 하나였다. 성종 14년(995)에 12주 절도사를 두면서 진주정해군(晉州定海軍)이라고 부르고, 산남도(山南道)에 소속시켰다. 현종 3년(1012)에 절도사를 폐지하고 안무사를 두었다. 현종 9년(1018)에 목으로 정하여 8목의 하나가 되었다. 별호는 진강(晉康)이다.[성종 때 정하였다.] 또 청주(菁州)라고도 하였고, 진양(晉陽)이라고도 하였다.

그러니까 진주는 본래 백제 땅이었다. 그러던 것이 문무왕 때 신라로 귀속되었고, 주(州)라는 명칭을 얻게 되었다. 그 후 신문왕 때 거열주에서 청주로 이름이 바뀌고, 경덕왕 때인 757년에 강주로 개칭되었다. 그러다가 혜공왕 때 다시 청주로, 고려 태조 때 다시 강주로 이름이 바뀌었다. 고려 성종 때 전국에 12목을 설치하면서 강주목이 설치되었고, 현종 때 진주목으로 개칭되면서 8목의 하나가 되었다. 이에 이어서 『세종실록』「지리지」에는 그 이후의 내력이 다음과 같이 기록되어 있다.

진주 지도 (규장각한국학연구원 소장)

본조 태조 원년 임신년에 현비(顯妃) 강씨(康氏)의 내향(內鄕)인 까닭으
로 올려서 진양대도호부(晉陽大都護府)를 삼았고, 태종 2년 임오년에 도
로 진주목으로 하였다.

　조선 건국 직후에는 태조의 계비인 신덕왕후 강씨의 고향이었기 때
문에 진양대도호부로 승격되었다가, 태종 때인 1402년에 진주목으로
환원되었다. 그 후 진주는 12목 중의 하나로, 경북 상주와 더불어 경상
우도(한양에서 보았을 때 낙동강의 오른쪽 지방, 즉 경상도의 서쪽 지방)를 대표하는 고
을이었으며, 조선 시대 대부분의 기간은 진주목으로 불렸고, 진주 목
사가 관내를 다스렸다.

고종 32년(1895)에는 '지방 제도의 개정에 관한 안건'을 칙령으로 반포하여 부, 목, 군, 현의 명칭을 '군'으로 일원화하고 온 나라를 23부로 나누었다. 진주부는 그중 하나였는데, 진주군은 다른 20개 군과 함께 진주부에 소속되었다. 그리고 그 이듬해인 1896년에 13도제를 실시하면서 경상도가 남북으로 분리되었는데, 이때 경상남도의 관찰부가 진주에 두어졌다. 그러니까 진주가 경상남도의 도청 소재지가 되었던 것이다. 1913년에서 1914년 사이에 일제의 총독부는 군과 면을 대대적으로 개편하였는데, 이때 진주군에 소속된 면을 50개에서 19개로 줄이는 한편, 이 과정에서 진주 관아 가까이 있는 면들을 모아서 진주면을 만들었다. 그리고 1925년에 도청은 부산으로 옮겨갔다. 그 후 진주면의 규모가 커지면서 1932년에 진주읍으로 승격되고, 1939년에 다시 진주부로 승격되었다. 그리고 진주읍을 제외한 나머지 지역은 진양군(晉陽郡)으로 개칭되었다. 대한민국 정부 수립 이후 1949년에 비로소 지금의 명칭인 진주시가 되었고, 1995년에 진주를 둘러싼 진양군을 통합하여 오늘의 행정 구역이 되었다. 그러나 진주는 이제 한 도를 대표하지 못하고 경남 서부의 중심 도시 역할에 그치고 있다.

　　진주에 촉석루가 세워질 수 있었던 것은 이런 지리적·역사적 배경과 무관하지 않다. 만일 진주가 12목 중의 하나가 되지 못하고 하나의 군이나 현의 지위에 있었다면 목사가 주재하면서 다스리지 않았을 것이고, 그렇다면 이렇게 웅장한 규모의 누각을 세울 생각을 하지도 못했을 것이다. 촉석루가 여러 차례에 걸쳐 중건이 되고 보수가 되었던 것도 대체로 목사의 주도 아래 이루어지는데, 그 역시 같은 방식으로 설명될 수 있다.

진주성 들어가기

진주성 안으로 들어가는 입구는 세 군데가 있다. 하나는 촉석문인데, 진주성의 동쪽 문으로 촉석루 가까이에 있다. 그러니까 촉석루만 구경하고 나올 양이면 촉석문으로 들어가는 것이 빠르다. 또 하나는 진주성의 서쪽에서 호국사 쪽으로 접근하는 것이다. 이쪽 길은 나름의 운치는 있지만, 촉석루까지 가려면 언덕을 넘어서 한참을 가야 한다. 그 대신 창렬사와 박물관을 들를 수 있고, 이른바 '놀기 좋은 서장대'에서 쉬면서 남강을 발아래로 내려다보고 강바람을 실컷 쐴 수도 있다. 그리고 또 다른 입구는 진주성의 북쪽에 있는 공북문이다. '공북(拱北)'은 모든 별이 언제나 제자리를 지키는 북극성을 중심으로 돌 듯, 백성들이 훌륭한 임금을 향하여 두 손을 맞잡고 예를 표한다는 의미이니, 여기에서 벌써 목민관의 태도를 배운다.

눈 내리는 공북문

　'공북문'이라는 현판을 올려다보고 진주성 북문으로 들어서서 몇 걸음 가면 오른쪽으로 진주 목사 충무공 김시민 장군의 동상이 위엄 있는 모습으로 서 있다. 1차 진주성 전투를 승리로 이끈 주역으로, 왼손에는 장검을 잡고 오른팔을 들어 무엇인가를 가리키는 모습이 뭔가 후손들에게 할 말이 있는 듯한 모습이다.

　오른쪽으로 경상남도 관찰사 청사의 관문이었던 영남포정사(嶺南布政司) 문루를 두고 양쪽의 깔끔한 잔디밭 사이로 상쾌한 바람을 느끼며 곧장 남쪽으로 간다. 단단하기로 이름난 진양석으로 쌓은 성가퀴에 다가서서 남강을 내려다보고 왼쪽으로 얼굴을 돌리면 촉석루의 웅장한 옆모습이 앞에 나타난다. 성가퀴를 따라 다가가서 촉석루의 북쪽에 서면 촉석루의 전모를 한눈에 볼 수 있다.

웅장한 팔작지붕의 용마루가 힘을 단단히 주고 버티고 있고, 양쪽에서 내려오는 내림마루의 선도 크게 출렁이지 않고 힘차게 뻗어 있다. 그리고 그 끝에서 바깥쪽으로 열리는 추녀마루는 끝을 살짝 쳐들어서 건물 전체가 경직되지 않도록 해 준다. 이 세

김시민 동상

가지 마루를 연결해 주는 선을 따라 바른 양성 바르기 하얀 석회는 지붕 전체에 산뜻한 느낌을 더해 준다.

기실 한옥의 아름다움은 일차적으로 이 지붕의 선에서 느껴진다. 이 한옥 용마루의 곡선은 이른바 현수곡선(懸垂曲線)이라는 것을 사용한다. 실의 양 끝을 느슨하게 잡고 있을 때 실이 처지면서 만들어지는 곡선이 바로 현수곡선이다. 한옥을 지을 때 용마루 양쪽 끝에서 두 개의 끈을 팽팽히 당겼다가 하나를 늦추어 용마루 곡선을 정하는데, 이때 중앙에서 두 끈 사이에 얼마만큼 간격이 벌어지게 하느냐에 따라 용마루 가

북쪽에서 본 촉석루

운데가 얼마나 처지느냐가 결정된다. 촉석루의 용마루 선은 영남루나 죽서루보다 선이 적게 처져 있고, 청와대 용마루 선과 거의 비슷해 보인다. 그것이 촉석루를 다른 누각에 비해 좀 더 근엄해 보이게 만든다.

넓은 지붕 전체를 덮고 있는 골기와의 물매가 매끄러운 모습을 보이고, 처마 끝 가지런한 암막새 아래로 사각형의 부연 모서리와 원형의 서까래 모서리가 가지런하다. 그 처마 아래 걸려 있는 '촉석루(矗石樓)'라는 현판이 낮은 한식 담장 너머로 반갑게 맞아 준다. 현판 글씨는 너무 힘을 들이지도 않고 많은 기교를 부리지도 않아 마음을 편안하게 해 주는 느낌이다. 마치 찾아오기로 약속된 손님을 맞이하는 주인처럼 서두름 없이 차분하다.

진주성과 촉석루는 하나이면서 둘이고 둘이면서 하나이다. 우리나라처럼 성이 많은 나라도 별로 없을 것이고, 우리나라처럼 곳곳에 누정을 품고 있는 나라도 별로 없을 것이다. 성곽은 어쩌면 자신을 지키려는 안간힘이다. 누정은 여유와 운치를 누리려는 너그러움이다. 이 둘이 어우러지는 공간은 어떤 느낌일까?

성곽은 도성이나 진성(鎭城)도 있지만 크게는 산성과 읍성으로 구분이 된다. 산성은 산의 정상부나 경사면을 이용해 쌓는다. 피난 시에 적의 공격을 어렵게 하고 아군의 방어를 쉽게 하려는 의도로 축조하는 것이다. 산이 많은 우리나라에는 북한산성, 남한산성, 삼년산성 등 많은 산성이 있다. 산성은 특히 아픈 역사를 많이 안고 있다. 유네스코 문화유산으로 지정된 남한산성은 그 대표적인 유적이다. 반면에 읍성은 지방의 관부나 민간의 주거 지역을 둘러서 쌓은 성이다. 궁궐과 종묘가 있는 수도의 도성은 성격이 비슷한 점이 있지만, 읍성과는 구분해서 생각해야 한다.

우리나라에서는 고조선 때 왕검성이 있었던 것으로 기록되어 있는데, 그 밖의 읍성에 대해서는 이른 시기의 기록이 많지 않다. 일제강점기 때 읍성 철거령이 내려져 대부분의 읍성이 헐렸으나, 아직까지 남아 있는 읍성도 적지 않다. 수원의 화성은 유네스코 문화유산으로 지정된 대표적인 성곽이고, 그 밖에도 부산의 동래읍성, 충남 서산의 해미읍성, 전

1917년 진주성의 모습(국립중앙박물관 소장)

북 고창의 모양성, 전남 순천의 낙안읍성 등이 잘 보존되어 있다.

진주성은 진주시를 가로질러 흐르는 남강 가에 자리 잡고 있다. 남쪽으로는 남강을 건너 망진산을 마주하고 있고, 동쪽으로는 선학산, 북쪽으로는 비봉산, 서쪽으로는 석갑산과 숙호산에 둘러싸여 있다. 가까이에는 동쪽으로 진주대로가 있고, 북쪽으로는 진양호로, 서쪽으로는 서장대로가 진주성 둘레에 뻗어 있다. 진주성에서 가장 높은 곳은 서장대 부근인데, 그래 봐야 해발 고도가 대략 5, 60미터 정도밖에 되지 않는다. 그래도 엄연한 산성이었으며, 실제로 관청에서 편찬한 자료에는 '촉석산성(矗石山城)'이라고 되어 있는 경우도 많았다. 처음에는 주민들의 거주 공간이 아니었고, 진주의 관아도 지금의 진주성 밖에 있었다.

진주성의 내력

진주성이 처음 만들어진 것이 언제인지는 분명하지 않다. 진주는 삼국 시대 때 백제 땅이었는데, 신라와 국경을 맞대고 있는 최전방에 자리 잡고 있어서 전략적으로 중요한 곳이었다. 진주성은 이때 이미 만들어졌던 것으로 알려져 있다. 처음에는 흙으로 쌓은 토성이었으며, 고려 때 여러 차례 중수를 하였다는 기록이 있다. 최근에 진주 외성 지역에 대해 발굴 조사 작업을 하였는데, 색이 다른 흙을 여러 층 쌓아서 만든 고려 시대 토성이 발견되어 관심을 모았다. 고려 말에는 왜구의 침입이 빈번해지면서 확고한 방어 시설이 필요하게 되어 석성(石城)을 쌓았는데, 그 이후 쌓은 외성이 원형 그대로 발견되기도 하였다. 진주성이 자리한 곳은 그다지 높거나 험준한 것은 아니지만, 평지에 솟아 있는 독산으로, 한쪽은 남강에 접하고 있어 그런대로 적을 방어하기에 괜찮은 지형이라고 할 수 있다. 호정(湖亭) 하륜(河崙 1347~1416)이 지은 「촉석성문기(矗石城門記)」에는 다음과 같은 내용이 실려 있다.

내가 옛날 총각 시절에 여기에서 공부하였는데, 성곽과 참호의 유적을 볼 때마다 그것이 언제부터 있었는지 몰라 노인들에게 물어 보았는데, 아무도 확인을 해 주지 못하였다. (중략) 기미년(1379) 가을에 지금의 지밀직인 배극렴(裴克廉)이 강주의 진장으로 왔는데, 목사에게 공문을 이첩하여 다시 수리하게 하고, 참좌(參佐)를 보내 일을 감독하게 하였다. 토성을 석성으로 바꾸는 일이 반도 안 되었는데 왜구에게 함락되었다. (중략) 왜구가 물러간 뒤에 목사 김 공이 백성의 사정과 형편에 따라 영을 내리기를, "우리 고을의 성을 이번에 완전히 수리해야 할 것이다." 라고 하였다. 그 말을 들은 사람들이 모두 일을 하겠다고 나섰다. 그리하여 그 일을 골고루 맡기고 자신은 몸소 감독하니, 오래 가지 않아 공사가 끝났다. 성의 둘레는 팔백 보이고, 높이는 두 길이 넘었다. 세 개의 문을 두었는데, 서쪽은 의정문(義正門), 북쪽은 지제문(智濟門), 남쪽은 예화문(禮化門)이라 하였고, 모두 그 위에 누각을 만들었다. (중략) 김 공의 이름은 중광(仲光)이고, (중략) 판관 이임충(李任忠)도 바른 사람인데 김 공을 도와 완성시켰다.

하륜의 총각 시절은 대략 1360년 전후가 될 것인데, 그때만 해도 진주성은 허물어진 토성의 모습이었다. 그러던 것이 1379년에 다시 수리하라는 명이 내려지고, 두 차례에 걸쳐 왜구의 침입을 겪은 후에 목사 김중광(金仲光)에 의해 개수 공사가 완료되었다. 그러니까 촉석성의 성문이 완공된 시기는 1380년이나 1381년쯤으로 보아야 할 것이다.

「촉석성문기」는 촉석문에 대한 기문이 아니고, 촉석성, 즉 진주성과 해자, 그리고 세 군데 성문과 문루를 만든 것에 대한 기록이다. 지금 진주성의 동쪽으로 난 문을 촉석문이라 하고, 북쪽으로 난 문을 공북문이라 하는데, 이는 모두 후에 쌓은 내성의 성문이고, 외성의 남문이

진주성 영역의 변천(경상대학교 김준형 명예 교수 제공)

나 북문과는 별개이다. 「촉석성문기」에는 애초에 동문은 언급이 없고, 서문은 의정문, 남문은 예화문, 북문은 지제문이라고 하였다고 되어 있다. 인·의·예·지·신 오상은 오행설에 따르면 동·서·남·북·중앙에 해당하기 때문에 그렇게 이름을 붙인 것이다. 남문은 지금의 진주교 북단 근처에 있었다고 하며, 북문은 인사동 네거리 가까이에 있었다고 한다. 지금의 촉석문과 공북문은 진주성의 남문이나 북문이 아니고 후에 쌓은 내성의 동문과 북문 격이 되는 것이었다. 현재 추진되고 있는 발굴 조사가 좀 더 진행되면 진주성 남문의 정확한 위치를 알 수 있을 것으로 기대를 모으고 있다.

「촉석성문기」마지막에 등장한 판관 이임충은『신증동국여지승람』과 송정(松亭) 하수일(河受— 1553~1612)의 「촉석루중수기(矗石樓重修記)」에는 이사충(李仕忠)으로, 권도용(權道溶 1878~1959)의 「촉석루연혁기(矗石樓沿革記)」에는 이사충(李思忠)으로 되어 있는데, 어느 기록이 맞는지 확인하기는 어렵다. 자형이 비슷하거나 발음이 같은 것 때문에 혼동이 있었던 것으로 보인다. 사실과 시기적으로 가까운 기록이 오류가 적을 가능성이 크다고 해야 하겠지만,『고려사』와 조선왕조실록에는 이임충이나 이사충(李仕忠)이라는 이름은 보이지 않는다. 또 하수일의「촉석루중수기」에서 목사 김중광이 촉석루를 중수했다고 하였는데, 촉석성을 쌓고 문루를 세운 사람이 촉석루도 세웠을 것이라고 지레짐작을 해서 생겨난 오해에서 비롯된 것으로 추측이 된다.

고려 말에 축조된 진주성은 임진왜란을 전후해서 다시 변화를 맞았다. 임진왜란이 있기 1년 전인 1591년에 당시 관찰사이던 김수(金睟)가 성이 좁다고 여겨 성의 동쪽 부분을 확장하였다. 아마도 지금의 진주시 장대로 부근까지 확장이 되었던 것으로 보인다. 하지만 그곳은 땅이 견고하지 못해 물이 조금만 불어도 성벽이 위태로웠다. 그뿐만 아니라 지대가 낮아 적이 도리어 높은 위치에서 공격하게 되어 지키기도 어려운 형세였다. 이 때문에 당시에도 성의 확장에 대해서 부정적인 평가를 하는 사람도 있었다.

촉석문

임진왜란이 끝난 후 1603년에 경상우병사로 부임한 이수일(李守一)이 병영을 진주로 옮기고 진주 목사를 겸하게 되면서 다시 성을 쌓기 시작했다. 1605년에 완공된 진주성은 성 내부를 남북으로 가로지르는 성을 쌓아 서쪽의 내성과 동쪽의 외성이 구분되는 형태로 변했다. 지금은 외성 지역은 대부분 성의 모습을 잃었고 내성만 남아 있는 상태이며, 임진왜란 당시와 비교하면 절반 이하로 줄어든 것이다. 성문도 「촉석성문기」에서 말한 세 개의 성문 가운데 서문만 남아 있는데, 그것도 문루는 없어진 상태이다.

누각이나 정자는 대개 경치 좋은 곳에 짓기 마련이어서, 제각기 나름대로 운치가 있는 장소를 차지하고 있다. 촉석루도 예외가 아니다. 촉석루라는 이름은 누각이 서 있는 자리와 관련이 있다. '촉(矗)'이라는 글자는 '곧을 직(直)'자가 세 개 모여서 만들어진 글자로, '곧다', '우뚝 솟다', '우거지다'라는 뜻을 가지고 있다. 그러니까 '촉석'이라는 말은 '우뚝 솟은 바위'라는 뜻이고, 촉석루는 바로 그 우뚝 솟은 바위 위에 세운 누각이라는 말이다. 그렇다면 '누각'이란 어떤 성격의 건물인가?

우리의 문화유산 가운데 전(殿), 각(閣), 누(樓), 정(亭), 당(堂), 헌(軒), 재(齋) 등의 명칭이 붙은 많은 건축물이 있다. 그런 명칭은 각 건물의 성격을 나타내 주고 있다. 그중에 누, 흔히 누각이라고 하는 것은 우리말로 '다락'이라고 하는데, 기둥으로 층 받침을 하여 마루가 높게 된 집을 말한다. 이 누의 기능은 대체로 공공성을 띠고 있으며, 휴식이나 연회의 공간으로 이용되었다. 그중에는 위치에 따라 감시나 조망의 장소가 되거나, 군사적인 용도로 사용되었던 것도 있다.

우리나라의 궁궐이나 사찰은 중국 문명의 영향을 많이 받았지만, 누각이나 정자는 비교적 자연과 조화를 이루려는 전통이 유지되었다. 관아나 서원 등에 딸린 누정은 입지에 일정한 제한이 있었지만, 그런 가운데에서도 위치를 정하거나 설계를 할 때 주변의 환경을 고려하였다. 예를 들면 경회루는 궁궐 안에 있지만 멀지 않은 곳에 있는 북악산의 경치를 끌어오고, 앞에는 인공으로 연못을 파서 배를 띄울 수 있게 하였다. 안동의 만대루는 병산 서원에 부속된 건물이지만 하회 마을로 감아 드는 낙동강과 병풍처럼 둘러선 건너편 산을 병산 서원 입교당 마루에 그대로 전해 줄 수 있도록 설계되었다.

반면에 독자적으로 지어진 누정은 위치 선정에 있어서 주변 환경이 더욱 중요한 고려 사항이었다. 남강 가의 촉석루를 비롯하여, 밀양강과 강 건너 너른 들판을 조망하는 영남루, 오십천 절벽 위에 자리 잡아 관동 팔경의 하나로 일컬어져 온 삼척의 죽서루, 요천수를 앞에 두고 월궁을 구현한 광한루, 어느 것 하나 한국적인 정취를 품고 있지 않은 것이 없다. 자연과의 합일이라는 전통적 건축관이 반영된 것이다. 그래서 한국의 누정은 누정 건축 그 자체가 감상의 대상이 될 뿐만 아니라, 누정을 둘러싸고 있는 아름다운 산수가 누정의 품격을 좌우하기도 한다. 촉석루는 진주성 안이라는 제한된 조건을 충족시키면서도 자연과의 조화라는 조건도 동시에 충족시키는 위치에 있다고 할 수 있다.

더운 여름날 촉석루에 올라 보면 거의 언제나 시원한 바람이 있다. 건너편 망진산에서 남강을 건너 불어오는 바람은 땀을 식히기에 충분하다. 남강 건너 강둑에는 대나무 숲이 있어 은은한 정취를 더한다.

『여지도서』에 의하면 진주의 진산은 덕유산에서부터 뻗어 온 비봉산이다. 산세가 큰 봉황을 닮았다고 하여 이름 붙여진 비봉산은 북쪽에서 달려와 진주에서 멈추고, 망진산은 남강 건너에서 진주를 지켜보고 있다. 덕유산에서 발원한 경호강과 지리산에서 발원한 덕천강이 만나 진양호를 이루고, 댐에서 방류된 물이 남강이 되어 촉석루 앞을 흐른다. 남서쪽으로 보이는 망진산의 벼랑이 강물의 깊이를 가늠하게 해 주고, 하류 쪽에 설치된 보는 언제나 일정한 수위를 유지해 준다. 이 강이 없었다면 촉석루는 존재하지 않았을지도 모른다. 촉석루는 남강과 따로 떼어서 생각할 수 없다.

촉석루의 창건과 중건

　동쪽으로 난 촉석루 출입문으로 들어서면 촉석루의 옆모습을 먼저 보게 된다. 누각 밑으로 어른 키만한 돌기둥들이 줄지어 서서 누각을 떠받치고 있는 모습이 눈에 들어온다. 영남루나 죽서루는 이 누하주(樓下柱)가 모두 나무이고, 광한루는 바깥쪽 기둥만 돌로 만들었는데, 촉석루는 경회루처럼 모두 석조 기둥을 사용하였다. 그뿐만 아니라 누각으로 올라가는 계단도 셋이나 만들었는데, 아래쪽은 돌로 높다랗게 계

촉석루 돌기둥

단을 만들어 웬만큼 비가 내려도 나무가 젖는 일이 없게 하였다. 그만큼 더 정성을 들인 것이다. 오른쪽으로 돌아 돌계단과 나무 계단을 올라 촉석루 마루에 오르면 가장 먼저 반겨 주는 것은 선선한 바람이다. 다른 곳에 바람이 없어도 촉석루 위에는 웬만하면 바람이 있다. 남강을 건너오는 바람은 한겨울에는 얼굴을 시리게 하지만 여름에는 순식간에 더위를 식혀 주는 고마운 바람이다. 촉석루가 대단한 누각이라는 것을 바람에서 먼저 느끼게 된다.

촉석루가 처음 지어졌을 때는 사찰의 부속 건물이었던 것으로 알려져 있다. 『세종실록』「지리지」에 촉석루가 용두사(龍頭寺) 남쪽 바위 벼랑에 있다고 하였다. 또 고려 때 문장가 안진(安震 ?~1360)이 지은 「함벽루기(涵碧樓記)」에 따르면 1322년 진양의 수령이 되었을 때 용두사 장원루(壯元樓)에 올랐다는 내용이 있다. 장원루는 바로 촉석루의 다른 이름이다. 또 하륜의 「촉석루기(矗石樓記)」에도 촉석루가 용두사 남쪽 바위 벼랑 위에 있다고 하였다. 이 용두사는 처음에 고을의 터를 잡을 때부터 있었던 절이다.

촉석루를 창건한 사람이 누구인가에 대해서는 여러 설이 있다. 하륜의 「촉석루기」에서는 담암(淡庵) 백문보(白文寶 1303~1374)의 기문을 인용하고 있는데, 거기에는 다음과 같은 설명이 있다.

> 누각의 이름을 정한 뜻은 담암 백문보 선생의 기에 적혀 있다. 거기에 대략 말하기를, "강 가운데 우뚝우뚝한 바위가 있는데, 거기에 누각을 짓고 촉석루라고 하였다."라고 하였다. 처음에 김 공이 착수하였고, 상헌(常軒) 안진(安震)에 의해서 완성되었는데, 두 사람 모두 장원을 했기 때문에 장원루라고도 하였다.

여기에서 말하는 김 공이 누구인지가 확실하지 않다. 그런데 하수일은 「촉석루중수기」에서 김중광이 그의 별가(別駕) 이사충과 함께 창건하고, 1491년에 경임(慶紝)이 그의 판관 오치인(吳致仁)과 함께 중수했다고 하였다. 권도용은 「촉석루중건기(矗石樓重建記)」에서 김광재(金光宰)가 창건하고 안진(安震 ?~1360)이 중수하였다고 하였다. 이 밖에도 다른 주장이 있으나 근래에는 김지대(金之岱 1190~1266)가 창건했다고 하는 주장이 설득력을 얻고 있다. 김지대 창건설을 최초로 주장한 사람은 박경원(朴

^{敬源)}으로, 안진 이전에 장원 급제를 한 김 씨를 조사하여 김지대를 유력한 인물로 추정한 것이다. 그 이후로는 이 주장에 별다른 이론이 없다.

김지대는 1241년에 진주 목사로 부임하였고, 부임한 해나 그 이듬해에 공사에 착수하였을 것으로 보고 있다. 그리고 「촉석루기」에서 안진이 완성하였다고 한 것은 1322년에 중수한 것을 가리킨다는 것이다.

촉석루는 창건 이후로 여러 차례 보수와 중건이 반복되었다. 촉석루의 연혁을 담고 있는 주요 자료와 내용은 대체로 다음과 같다.

저자	자료 명	내용
하륜 1347~1416	「촉석성문기」 1380 전후	• 진주성을 석성으로 개축한 사람은 목사 김중광과 판관 이임충
	「촉석루기」 1414	• 김 공이 착수, 안진이 완성 • 1413년 판목사 권충과 판관 박시결이 중건 • 1414년 목사 류담과 판관 양시권이 단청
하수일 1553~1612	「촉석루중수기」 1583	• 고려 때 김중광과 별가 이사충이 창건 • 1491년 목사 경임과 판관 오치인이 중수 • 1583년 목사 신점과 판관 김원룡이 보수 확장
성여신 1546~1632	『진양지』 1622~1632	• 1583년 목사 신점과 판관 김원룡이 보수 확장 • 1582년 목사 신점이 중수 • 1593년 병화로 소실
우필한	「촉석루상량문」 1693	• 1618년 병사 남이흥이 중건 확장 • 임진년 병란으로 소실됨 • 남이흥이 중건한 지 80년 가까이 지남 • 절도사인 자신(우필한)이 중수

정식 1683~1746	「촉석루중수기」 1725	· 임진년 병화에 다행히 적의 햇불에 전소되는 환난은 면하였다. · 1724년 우병사 이태망과 우후 박황이 중수
원영주 1758~1818	「촉석루중수기」 1810	· 1618년 남이흥이 중건 · 70여년 후 우필한이 중수 · 또 100여년 후 자신(원영주)이 신축
조성가 1824~1904	「함옥헌중수기」 1888	· 1876년에 이미 함옥헌이 퇴락 · 1886년에 우병사로 부임한 정기택이 목사 조필영의 도움을 받아 중수
권도용 1878~1959	「촉석루연혁기」 1950년 이후	· 고려 고종 때 김광재가 창건, 충숙왕 때 안진이 중수 · 1378년 김중광과 이사충이 중건 · 1413년 권충과 박시결이 중수 · 성종 때 경임과 오치인이 중수 · 1583년 신점이 중창(부속 건물 확충) · 1618년 남이흥이 중수 · 1886년 조필영과 정기택이 중수 · 1908년 권종두와 김정식 등 진양계에서 발기, 계에서 자금을 출연하여 중수 · 1950년 폭격을 받아 전소
성환혁 1908~1966	「촉석루중건기」 1960	· 창건은 자세한 것을 알 수 없음 · 1379년 왜구에 의해 소실, 김중광이 재건 · 1593년 왜구에 의해 소실, 남이흥이 중건 · 그 후 조정의 영으로 누차 수리 · 1950년에 전쟁으로 소실 · 진주고적보존회에서 중건 발의 · 1956년 발주, 1960년 봄 완공, 10월 낙성 · 교육감 강용성과 진주고적보존회 상무 이사 박세제가 감독

이상의 자료 외에도 상량문이나 기문에 참고할 만한 내용이 있으나, 중건과 보수 상황을 아는 데는 이 정도면 충분하다.

촉석루의 1차 중건은 1413년에 이루어졌다. 왜구들의 침입으로 소실된 지 30년쯤 지났을 때, 고을의 원로인 전 판사 강순(姜順)과 전 사간 최복린(崔卜麟) 등이 중건의 필요성을 주장하였고, 진주 목사 권충(權衷)과 진주 통판 박시혈(朴施絜)이 주관한 것으로 되어 있다.

그 이후로도 여러 차례 보수와 중건을 반복하게 되는데, 위에서 말한 자료들을 분석하고 사실 관계를 따져 연혁을 확정하는 것이 간단한 일이 아니었다. 촉석루 연혁 관련 주요 논저 목록은 다음과 같다.

저자	논저	논문집	발행처	연도
박경원	진주 촉석루 창건고	미술사학연구	한국미술사학회	1985
김범수	촉석루 창건고	경남향토사 논총 II	경남향토사연구 협의회	1993
박용국	진주성 촉석루의 연혁 고증과 그 이야기	선비문화	남명학연구원	2014
하강진	진주성 촉석루의 숨은 내력	저서	도서출판 경진	2014
최석기	촉석루 연혁 재고	동양한문학연구	동양한문학회	2015

이상의 자료와 이 연구 결과를 종합하면 다음과 같이 정리할 수 있다.

연도	사실	주관자	사실 확인 근거
1241 ~ 1242	창건에 착수	김지대(진주 목사)	하륜 「촉석루기」 박경원 「진주 촉석루 창건고」
1322	1차 보수	안진(진주 목사)	하륜 「촉석루기」 안진 「함벽루기」

1380	소실	왜구 침입	하륜 「촉석루기」 정이오 「촉석루시병서」
1413	1차 중건	권충(진주 목사) 박시혈(진주 판관)	하륜 「촉석루기」
1491	2차 보수	경임(진주 목사) 오치인(진주 판관)	하수일 「촉석루중수기」
1583	3차 보수	신점(진주 목사) 김원룡(진주 판관)	하수일 「촉석루중수기」
1593	부분 소실	임진왜란	성여신 『진양지』 정식 「촉석루중수기」
1618	4차 보수	남이흥(경상우병사 겸 진주 목사)	성여신 『진양지』
1693	5차 보수	우필한(경상우병사) 곽륜방(우후)	우필한 「촉석루상량문」
1724	6차 보수	이태망(경상우병사) 박황(우후)	정식 「촉석루중수기」
1810	7차 보수	원영주(경상우병사)	원영주 「촉석루중수기」
1886	8차 보수	정기택(경상우병사) 조필영(진주 목사)	조성가 「함옥헌중수기」 권도용 「촉석루연혁기」
1908	9차 보수	진양계	권도용 「촉석루연혁기」
1949	10차 보수	국보촉석루중수위원회	경향신문, 1949. 3. 23.
1950	소실	한국 전쟁	권도용 「촉석루연혁기」 성환혁 「촉석루중건기」
1960	2차 중건	진주고적보존회	성환혁 「촉석루중건기」

촉석루의 창건과 중건

위 표에서 보듯이 촉석루 창건 이후에 완전히 소실되어 다시 세운 것이 두 차례이고, 보수한 것이 열 차례이다. 그 외에도 단청이나 가벼운 보수 공사는 수시로 진행이 되었다. 다만 4차 보수에 대해서는 다른 의견이 있다. 정식은 「촉석루중수기」에서 "임진란(1592) 때 다행히 완전히 불에 타 없어지는 불행은 면하였다."라고 하였는데, 성여신(成汝信 1546~1632)이 쓴 『진양지』에는 "계사년(1593) 병화로 소실되었다."라고 되어 있다. 이 두 기록이 모두 옳은 말이 되려면 임진년의 1차 전투 때는 다 불타지는 않았고 계사년 2차 전투 때 소실되었어야 한다. 그러나 정식의 「촉석루중수기」는 1725년에 지은 것인데, 중수의 필요성을 얘기하면서 굳이 계사년에 소실된 것은 외면하고 임진년에 다 불타지 않았다는 것만 말할 이유는 없는 것이다. 그렇다면 상충하는 두 기록은 어떻게 이해해야 할까? 이와 관련해서 참고해 볼 수 있는 자료가 있다. 1597년 7월에 진주 판관으로 부임한 하응도(河應圖 1540~1610)가 당시에 지은 것으로 보이는 시 「난후등촉석루유감(亂後登矗石樓有感)」이란 작품이 있다. 왜란 후에 촉석루에 올랐는데 느끼는 바가 있어서 지었다는 말이다. 7언율시 형식의 이 작품은 끝 두 구가 없어져 아쉽지만, 남아 있는 부분에서는 촉석루가 소실되었다는 말을 전혀 찾아볼 수 없다.

또 간송(澗松) 조임도(趙任道 1585~1664)가 1609년에 지은 시 「촉석루우음(矗石樓偶吟)」에도 '높은 누각에 올랐다'는 표현이 나온다.

선계를 꿈꾼 지 오래 되었더니	夢落仙區久
청려장 짚고 우연히 홀로 찾아왔네.	靑藜偶獨來
강물은 깊어 천 길이나 되고	江深千丈水
바위 솟아 십 층의 대를 이루었네.	石聳十層臺
경관 좋다 명성이 오래도록 자자한데	形勝名長在
흥망의 시절은 몇 번이나 돌고 도나.	興亡世幾回
높은 누각 올라서 조망하는 곳에서	高樓登眺處
느꺼워 탄식하며 슬픔을 머금네.	感歎一含哀

조임도는 임란 당시 8, 9세밖에 되지 않았기 때문에 촉석루에 올랐다는 말은 소실되기 전의 기억을 말한다고 하기 어렵다. 그렇다면 이 시에서 '높은 누각에 올라서'라고 한 것은 실제로 시를 지을 때 촉석루에 오른 것으로 보아야 할 것이니, 당시에 촉석루가 다 타버리지는 않았다는 정식의 말과도 부합된다. 그러나 2차 진주성 전투에서 촉석루의 부속 건물 네 채가 모두 소실되었는데, 이때 촉석루만 무사했다는 것도 상식적으로는 잘 이해가 되지 않는다. 하지만 한국 전쟁 때 촉석루가 불에 탔는데 옆에 있는 의기사는 온전하였으니, 이때도 그럴 수도 있었겠다 싶기도 하다. 아무튼 이 문제에 대해서는 좀 더 연구가 필요할 것으로 보인다.

촉석루 중건 공사 - 1959년 11월 20일(진주고적보존회 상무이사 박세제씨의 장남 박동진씨 제공)

　9차 보수에 대해서도 약간의 의문점이 있다. 『진양지속수(晉陽誌續修)』에 의하면 9차 보수 공사의 주관자인 조필영이 진주 목사를 지낸 것은 1887년부터인데, 「촉석루연혁기」에 의하면 보수 공사를 한 해는 1886년으로 되어 있기 때문이다. 이와 관련한 보다 정확한 자료가 나오기를 기다린다.

사라진 부속 건물

　진주의 촉석루와 밀양의 영남루는 그 역사가 서로 대비되는 면이 많이 있다. 먼저 1365년에 밀양 군수 김주(金湊)가 영남루를 지을 때 진주

영남루(밀양 시청 제공)

로 사람을 보내서 촉석루의 제도를 그려오게 하였다고 하니, 촉석루
는 영남루의 모델이 되었던 셈이다. 다만 영남루는 현종 8년(1842)에 실
화로 불에 탄 것을 현종 10년(1844)에 다시 지은 것이 현재의 건물인 데
반해, 촉석루는 한국 전쟁 때 또 소실되어 1960년에 다시 지었으니, 근
세에 와서는 영남루 건물이 형님뻘이 되었다.

　두 누각이 대비가 되는 것은 역사뿐만이 아니다. 평양의 부벽루와 함
께 삼대 누각으로 불렸던 것도 그렇거니와 누각의 좌우에 부속 건물이
있었다는 것도 서로 통하는 점이다. 영남루는 왼쪽에 능파각(凌波閣), 오
른쪽에 침류각(枕流閣)이라는 익루를 두어 회랑으로 연결하였는데, 지
금도 그대로 남아 있다. 촉석루에도 부속 건물이 있었으나 지금은 하

나도 남아 있지 않다. 서쪽으로 논개를 모신 사당인 의기사 건물이 있기는 하나, 그것은 촉석루와 한 묶음으로 지어진 것이 아니고, 성격도 완전히 다른 건물이다. 그렇다면 촉석루에는 어떤 부속 건물이 있었으며, 그 부속 건물은 또 어떤 내력을 갖고 있었던 걸까?

촉석루도 양쪽에 익루를 거느리고 있었다. 1481년에 간행된『동국여지승람』에는 촉석루 서쪽에 雙淸堂(쌍청당)이 있다고 하였으니, 쌍청당의 위치는 지금의 의기사가 있는 곳에 해당한다. 1530년에 간행된『신증동국여지승람』에는 촉석루 동쪽에는 능허당(凌虛堂)과 청심헌(淸心軒)이 있고, 서쪽에는 임경헌(臨鏡軒)이 있다는 내용이 추가되어 있다.

이 부속 건물들이 언제 지어졌는지는 확실하지 않다. 다만 쌍청당은『동국여지승람』에 언급이 되었기 때문에 1481년 이전에 존재했었다는 것이 확실하고, 나머지는『동국여지승람』이 간행된 1481년부터『신증동국여지승람』이 간행된 1530년 사이에 지어졌다고 생각할 수 있다. 물론 나머지 세 건물도 1481년 이전에 지어졌는데, 소실되어『동국여지승람』을 간행할 때는 없었다가, 1481년에서 1530년 사이에 중건이 되어『신증동국여지승람』에 실리게 된 것인지도 모를 일이다. 하지만 만일 그렇다면『동국여지승람』에서 그런 내력을 말해 두었을 가능성이 크기 때문에 실제로 나머지 세 건물이 일찍이 지어졌을 가능성은 희박하다.

『진양지속수』에는 "능허당은 촉석루 동쪽 누각이다. 무오년에 연달

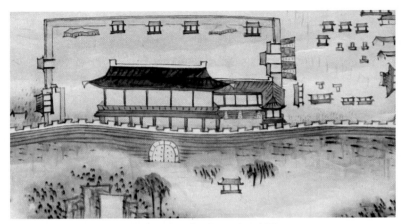

축석루의 익루(충남역사박물관 소장)

아 건립하였다. 이름을 고쳐서 함옥헌(涵玉軒)이라고 하였다."라고 기록되어 있다. 1481년부터 1530년 사이에 있는 무오년은 1498년 밖에 없으므로, 그 전에 지어졌다가 소실된 것이 아니라면 능허당은 그때 건립되었을 것이라는 추측이 가능하다. 1622년부터 1632년 사이에 성여신이 편찬한 『진양지』에 "『동국여지승람』에는 능허당으로 되어 있는데 언제 함옥헌으로 개명했는지 알 수 없다."라는 말이 있으니, 개명의 시기는 늦어도 1622년보다 훨씬 이전일 것으로 추측해 볼 수 있다.

청심헌은 1519년에 별세한 강혼(姜渾)의 시에 그 이름이 등장하므로 늦어도 1519년 이전에 완성되어 있었다고 보아야 한다. 강혼의 문집인 『목계일고(木溪逸稿)』에 실려 있는 「청심헌」 시 제목 아래에, "진주 함옥헌 동쪽에 있으며, 경상좌병사 이수일(李守— 1554~1632)이 세운 것"이라는 주석이 붙어 있다. 이 주석에 따르면 건축을 한 시기가 시를 지은 시기보다 훨씬 나중이라서 앞뒤가 맞지 않는다. 이 주석은 1910년 문집이 간행될 때 보충한 것으로, 여기에서 말한 건립은 중건을 가리킨다고 해야 할 것이다. 실제로 청심헌은 1604년에 이수일이 진주성을 축조할 때 중건된 것으로 밝혀졌다.

임경헌은 『신증동국여지승람』에서 진주 목사 이원간(李元幹)이 지었다고 하였으므로, 그가 1523년 7월에 진주 목사에서 파직되었다는 점을 고려하면, 그 이전 2~3년 사이에 지어졌다고 보아야 할 것이다. 그리고 그 후로는 중건에 관한 기록이 없다.

이렇게 보면 네 채의 부속 건물 가운데 청심헌과 능허당이 같은 시기에 지어졌을 가능성을 배제할 수 없다. 나머지는 모두 다른 시기에 지어졌다고 볼 수밖에 없다.

부속 건물의 명칭은 기록에 따라 다르게 나타나기도 한다. 하수일의 「촉석루중수기」에는 촉석루 동쪽에 청심헌과 함옥헌이 있고, 서쪽에 관수헌(觀水軒)과 쌍청당이 있다고 되어 있다. 여기에서 임경헌이 관수헌으로 불렸다는 것을 짐작할 수 있다.

이 부속 건물의 위치를 정리하면, 촉석루를 남강 쪽에서 바라볼 때 왼쪽(서쪽)에 쌍청당이 있고, 거기에 임경헌(관수헌)이 덧붙여져 있었으

촉석루와 함옥헌 - 1901년(『조선기행록』 소재)

며, 오른쪽(동쪽)에 능허당(함옥헌)이 있고 거기에 청심헌이 덧붙여져 있
었다. 지금 보면 촉석루 하나만으로도 웅장한 규모를 자랑하는데, 양
쪽에 네 채의 부속 건물이 호위하고 있는 모습을 상상하면 가히 장관
이라 할 수 있을 것이다.

이 부속 건물들은 임진왜란 중 진주성 2차 전투 때 모두 소실되었
는데, 촉석루 동쪽에 있던 함옥헌과 청심헌은 1604년과 1618년에 각
각 중건이 되었으나, 청심헌은 1757년 이전에 허물어진 뒤로 다시 세우
지 못하였고, 함옥헌은 1906년 이후에 왜인들에 의해서 훼철되고 말
았다. 그런데 함옥헌이 훼손되기 전에 촬영된 사진이 한 장 남아 있는
것이 확인되었다. 일본인 지질학자 고토 분지로가 우리나라 남부 지방

을 답사하고 쓴 논문에 여러 장의 사진이 실렸는데, 그중에 1901년 2월 1일 전후에 촬영한 촉석루 사진이 들어 있다. 18세기와 19세기에 그려진 진주성도에서 그림으로만 보던 함옥헌의 모습을 이 사진에서 확인할 수 있는 것이다. 다만 사진에 나타난 함옥헌의 모습은 대부분의 그림에서 보이는 것처럼 'ㄱ'자 모습이 아니고, 동쪽으로도 맞배지붕이 약간 돌출된 알파벳 'T'자 모습이었던 것으로 보인다.

이상의 내용을 정리하면 다음과 같다.

건물명	위치	건립시기	주관자	소실	중건	멸실	명칭의 변경
쌍청당	촉석루 서쪽	1481년 이전	미상	2차 진주성 전투			
능허당	촉석루 동쪽	1498년	미상	2차 진주성 전투	1618년	1906년 이후	함옥헌으로 개칭
청심헌	능허당 동쪽	1519년 이전	이수일	2차 진주성 전투	1604년	1757년 이전	
임경헌	쌍청당 서쪽	1523년 이전 2,3년 내	이원간	2차 진주성 전투			관수헌으로도 불림

임진왜란과 진주성 전투

진주성에서는 임진왜란이 일어난 1592년과 이듬해인 1593년에 큰 싸움이 있었다. 첫 번째는 1592년 10월 5일부터 10일까지 있었던 전투로, 1차 진주성 전투라고 한다. 조선에 상륙한 왜군은 진주성 공격을 계획하였다. 진주가 전라도로 가는 경상우도의 대읍이며, 경상우도의 주력군이 진주에 있다는 것을 알고 있었기 때문이다. 적장이 군사 약 3만 명(일본 측 자료에는 약 2만 명)을 거느리고 김해에서 창원으로 진출할 때, 경상우병사 유숭인(柳崇仁 1565~1592)은 중과부적으로 이를 막지 못하고 진주로 후퇴하였다. 그러자 경상우도순찰사 김성일(金誠一 1538~1593)은 각지에 원군을 요청하였는데, 이때 진주에는 목사 김시민(金時敏 1554~1592)의 휘하에 3,700여 명의 군사가 있었고, 곤양 군수 이광악(李光岳 1557~1608)의 군사 백여 명 등을 합해도 3,800명 정도밖에 되지 않았다.

성 밖에서는 의병들이 힘을 모았다. 동쪽 방면에서는 삼가의 의병장 윤탁(尹鐸 1554~1593)과 의령의 임시 의병장 정언충(鄭彦忠), 그리고 곽재우가 파견한 선봉장 심대승(沈大承 1556~1606)이 약 5백 명의 의병을 이끌고 달려왔다. 서쪽에서는 전라우도 의병장 최경회(崔慶會 1532~1593)와 전라좌도 의병장 임계영(任啓英 1528~1597)이 구원병 3천여 명을 이끌고 와서 적을 견제하였고, 진주 한후장 정기룡(鄭起龍 1522~1622)도 힘을 보탰다. 남쪽에서는 고성의 임시 현령 조응도(趙凝道 ?~1597)와 진주 복병장 정유경(鄭惟敬 ?~1593)이 이끄는 5백여 의병, 그리고 고성 의병장 최강(崔堈)과 이달(李達) 등이 외곽에서 무력시위를 하였다. 북쪽 방면에서는 승려 의병대장 신열(信悅)이 이끄는 부대와 합천의 임시 의병장 김준민 (金俊民 ?~1593)이 합세하였다.

적군은 세 개 부대로 나누어 총포를 난사하면서 진주성을 공격하였다. 흙으로 높은 보루를 쌓아서 그 위에서 성을 내려다보며 포를 쏘기도 하고, 윤전산대(輪轉山臺)라고 하는 이동식 전망대 같은 것을 만들어 그 위에서 공격하기도 하였다. 또 긴 사다리를 만들어 성벽을 기어오르려고도 하고, 성 아래 해자를 메우기 위해서 솔가지와 대나무를 쌓기도 하였다.

김시민은 동문 북쪽에서, 판관 성수경(成守慶 ?~1593)은 동문에서 군사를 지휘하였는데, 현자총통으로 산대를 공격하기도 하고, 돌이나 불에 달군 쇠붙이, 혹은 끓는 물이나 불을 붙인 짚단을 던지면서 대항하였다. 전투가 막바지에 달했던 10월 10일 새벽에 김시민이 적의 탄환에 맞아 쓰러지자, 곤양 군수 이광악이 대신 작전을 지휘하여 왜적을 무찔렀다. 그리고 날이 밝자 왜군은 드디어 퇴각하기 시작하였고, 진주의 군민들은 진주성을 지켜냈다. 그러나 김시민은 끝내 부상을 회복하지 못하고 며칠 후 순절하였다. 사실 이 싸움은 2차 진주성 전투와는 완전히 별개이고, 큰 승리를 거두었기 때문에 진주 대첩이라 하는 것이 마땅하다.

두 번째 싸움은 1593년 6월 21일부터 29일까지 벌어진 전투이다. 이 때는 명나라와 일본이 화의를 진행하고 있을 때여서, 왜군으로서는 앞

진주성 입진대첩 계사순의단 부조

선 전투에서의 패배를 설욕하는 한편, 강화에 유리한 고지를 점령하자는 목적으로, 9만 3천 명에 달하는 병력을 동원하여 진주성을 공격하였다. 조선에서는 1차 진주성 전투에서 승리한 공로로 경상우병사에 임명된 최경회, 그리고 안덕원과 이치 전투에서 큰 공을 세웠던 충청병사 황진(黃進 1550~1593) 등이 이끄는 관군과, 창의사 김천일(金千鎰 1537~1593), 의병장 고종후(高從厚 1554~1593) 등이 맞서 싸웠다. 하지만 그 수가 도합 6, 7천 명에 불과하였다.

적군은 진주성 동문 밖에 흙을 모아 높은 언덕을 만들어 그 위에 흙집을 지어 성을 내려다보고 탄환을 발사하기도 하고, 또 성의 밑뿌리를 파서 성을 무너뜨리려 하였다. 그러던 중에 큰비가 내려 성이 허물어지기 시작하니, 적이 귀갑차를 동원하여 성벽 밑에 접근하여 성벽으로 난입하려 하였으나 실패하였다. 그러나 왜군은 신북문을 기습하여 성을 함락시키고 성안에 남은 사람을 모조리 학살하였는데, 그 수가 6만 여 명에 이르렀다고 한다. 황진은 전투 중에 탄환을 맞아 전사하였고, 최경회, 김천일, 고종후 등은 남강에 투신하여 자결하였다. 의기 논개가 적장을 끌어안고 남강에 투신하였다는 것도 바로 이때의 일이다. 왜적은 비록 진주성을 함락시키기는 하였으나, 그 과정에서 입은 피해가 막대하여, 더 이상 전라도를 향하여 전진하지 못하고 철수하였다.

2차 진주성 전투에서 진주성의 병사와 백성들은 거의 모두 죽임을 당했고, 심지어 가축들까지 모두 도륙을 당해서 살아남은 자가 거의 없었다. 따라서 진주성 안에서 어떤 일이 있었는지를 알려줄 사람도 찾기 어려운 지경이었다. 절의를 지키다가 순국한 장졸들이 얼마나 되는지 알 수 없고, 그에 대한 기록도 빠진 것이 많을 수밖에 없었다. 바로 그런 이유로 몇몇 인사들이 뒤늦게 기록을 할 때 많은 어려움을 겪었던 것으로 보인다.

안방준(安邦俊 1573~1654)은 약관을 갓 넘긴 나이에 의병 부대에 드나들었기 때문에 상세한 내용을 들을 수 있었다. 그래서 1596년 즈음에 「진주서사(晉州敍事)」를 써서 진주성 전투의 전말이 인멸되지 않도록 대강 기록해 두었는데, 이는 후에 『오성일기(鰲城日記)』를 참고하여 쓴 것이라고 하였다.

황진의 손자인 당촌(塘村) 황위(黃暐 1605~1654)는 1653년에 『정충록(旌忠錄)』을 편찬하여 진주에서 순국한 남원 출신 인사 황진과 고득뢰(高得賚), 그리고 금산 싸움에서 순국한 안영(安瑛) 등 세 사람에 대한 기록을 남겼다.

어영대장 서문중(徐文重 1634~1709)은 영남을 순찰하면서 진주에 들러 여러 장수가 순국한 이야기를 듣고 감개하여, 그 사실이 묻혀버리지 않도록 영남의 인사들과 현창할 방도를 도모하였다. 그리하여 1686년에 정충단비(旌忠壇碑)를 세우게 되었고, 이민서(李敏敍 1633~1688)는 그 비문을 지어 1차와 2차 싸움의 전말을 상세하게 기술하였다.

서유본(徐有本 1762~1822)은 진주성 싸움으로부터 200년이 지난 1794년에 「진주순난제신전(晉州殉難諸臣傳)」을 지어 진주에서 순국한 여러 신하의 전기를 남겼는데, 여기에는 13명의 대표적 인물과, 그에 따른 별장, 막사(幕士), 노예, 비첩 등에 이르기까지 모두 40여 명의 행적을 기록하여 두었다.

이렇게 기록의 중요성을 인식하고, 있었던 사실을 후손에게 알리기 위해 노력한 사람들 덕분에 오늘날 당시의 상황을 알 수 있게 되었고, 나아가 절의가 무엇인지 생각하고, 우리나라 국민으로서의 정체성을 돌이켜 보는 계기를 가질 수 있게 되었다.

의기 논개가 남긴 향기

축석루에 오르기 전에 먼저 축
석루 서쪽에 있는 의기사(義妓祠)
로 들어가는 조그만 쪽문을 향
한다. 문 위에는 지수문(指水門)
이라는 현판이 소박하게 붙어
있다. 지수문이라는 명칭은 이
른바 '삼장사 시'라고 알려진 시
의 둘째 구에 "한 잔 술에 웃으며
장강 물을 가리키네.[一杯笑指長江

의기사 지수문

水]"라는 구절에서 따온 것으로 보인다. 지수문을 들어서면 논개(論介)
의 영정을 모셔 놓은 의기사가 있다.

논개에 대한 기록은 유몽인(柳夢寅 1559~1623)의 『어우야담(於于野譚)』
에 처음 나타난다.

> 논개는 진주의 관기이다. 만력 계사년(1593)에 김천일이 일으킨 의병
> 이 진주에 들어와 왜적에 대항했는데, 성이 함락되고 군대가 패배하자
> 백성들이 함께 죽었다. 논개는 화장을 하고 옷을 곱게 차려입고 축석루
> 아래 가파른 바위 앞에 섰다. 그 아래는 만 길이나 되는 낭떠러지가 곧
> 장 물속으로 들어가 있었다. 여러 왜적들이 그를 보고 마음에 들어 했

으나 아무도 감히 접근하지 못하였는데, 유독 한 왜군이 뛰쳐나와 곧장 달려들었다. 논개가 웃으며 그를 맞이하자 왜장이 꾀어서 끌어당겼다. 그러자 논개가 그 왜적을 껴안고 곧바로 강에 몸을 던져 함께 죽었다.

여기에는 논개가 관기라는 것 외에 다른 인적 사항에 대한 정보는 없다. 다른 어떤 자료에도 이 이상의 자세한 정보나 믿을 만한 기록은 별로 보이지 않는다. 다만 성해응(成海應 1760~1839)의 「초사담헌(草榭談獻)」에 "논개는 장수의 기생이었는데 최경회의 첩이 되었으며, 1593년에 최경회가 경상우병사가 되었을 때 진주로 들어왔다."라는 기록이 있는 정도이다. 그런데 근래에 와서 논개에 대한 이야기가 풍부하게 만들어지고 있는 것으로 보인다. 일종의 스토리텔링이다. 그 이야기를 정리해 보면 대강 다음과 같다.

논개는 그의 이름이고, 성은 주씨(朱氏)로 알려져 있다. 전라도 장수에서 태어났다. 다섯 살 때 부친을 여의고 숙부에게 의탁하였는데, 숙부가 노름으로 가산을 탕진하고는 논개를 이웃 사람에게 민며느리로 팔아넘겼다. 이 사실을 알고 논개 모녀는 피신을 하였으나 이웃 사람의 제소로 관아에 끌려가게 되었다. 이때 현감이 바로 최경회였다. 최경회는 모녀를 방면하고, 그들을 거두어 주었다. 그리고 후에 최경회는 그를 첩으로 맞아들였다. 임진왜란이 일어나자 최경회는 전라우도 의병장이 되었고, 이듬해 4월에 경상우도병마사가 되어 진주로 갔다. 2차 진주성 전투 때 논개는 최경회가 순국했다는 소식을 접하고 진주성에 들어갔으며, 그다음은 『어우야담』에서 말한 대로라는 것이다. 하지만 이 모든 이야기는 그 출처가 모호한 상태이다.

의기사는 1740년에 경상우병사 남덕하(南德夏)가 건립한 것으로 소개된 곳도 있으나, 그 근거는 찾을 수 없다. 남덕하는 1740년에 논개의 정려각을 건립했고, 의기사는 그보다 나중에 건립되었을 것으로 보인다. 그리고

논개 영정(진주성관리사업소 소장)

1780년 즈음에 경상우병사 홍화보(洪和輔)가 일부를 보수하고 새로 단청을 하였으며, 1823년에 목사 홍백순(洪百淳)이 중건하였다. 그 후 한국 전쟁 때 촉석루가 폭격을 맞아 타버렸지만 의기사는 온전하였는데, 1956년에 진주의기창렬회에서 중건하고 새로 초상화를 안치하였다. 그 초상화는 이당 김은호 화백이 그린 것인데, 고증 결과 복식과 머리 모양 등이 당대와 맞지 않아 논란이 되었다. 그리하여 논개 영정을 공모한 결과 석천 윤여환 교수의 작품이 선정되어 2008년에 교체되었다. 다산 정약용(丁若鏞 1762~1836)이 의기사를 두고 지은 기문의 내용은 다음과 같다.

의기사기 - 정약용

　부녀자들은 본래 죽음을 가볍게 여긴다. 그러나 하품(下品)인 사람은 울분을 참지 못하여 죽고 상품(上品)인 사람은 자기 몸이 더럽혀지고 욕을 당하는 것을 참지 못하여 죽는다. 어떻든 죽기만 하면 대개 절부나 열부라고 부른다. 그러나 그것은 모두 스스로 자기 몸을 죽이는 데 그친다. 기생 같은 부류는 어려서부터 풍류를 즐기고 음탕한 일과 변덕을 부리는 마음에 길들여져서 성품도 한군데 머물러 있지 않다. 그들은 마음속으로 남자들은 모두 지아비라고 생각한다. 부부에 대해서도 오히려 그러한데, 하물며 군신(君臣)의 의리를 조금이라도 아는 이가 있겠는가. 그러므로 예로부터 전쟁터에서 멋대로 미녀를 약탈한 경우가 헤아릴 수 없이 많았지만 죽음으로 절개를 지켰다는 말을 들어본 적이 없다.

　옛날에 왜구가 진주를 함락시켰을 때 의로운 기생이 있었다. 그녀는 왜장을 꾀어 강 가운데 있는 바위 위에서 마주 춤을 추다가, 춤이 한창 무르익어 갈 즈음에 그를 껴안고 못에 몸을 던져 죽었다. 이곳은 바로 그녀를 기리는 사당이다.

의기 논개가 남긴 향기

아, 어찌 매서우면서도 어진 부인이 아니랴. 왜장 한 명을 죽였다 하더라도 삼장사(三壯士)의 치욕을 씻기에는 부족하다. 그렇지만 성이 함락되려고 할 때 이웃 고을에서는 병사를 끌어안고 구원해 주지 않았고, 조정에서는 공을 세우는 것을 시기하여서 패하기만 고대하였다. 그리하여 견고한 성을 곤궁한 적군의 손에 빼앗겨 충신과 지사의 분노와 한탄이 이 싸움보다 심한 적이 없었다. 그런데 힘없는 한 여자가 적장을 죽여 나라에 보답하였으니, 군신 간의 의리가 천지간에 밝게 빛나서 한 성에서의 패배는 문제가 되지 않았다. 이 어찌 통쾌한 일이 아닌가.

논개는 여염집 아낙이 아니라 기생이었기 때문에 죽음으로 절개를 지켜야 할 의리가 있는 것은 아니었다. 그런데도 죽음을 택했으니 그 결기가 대단한 것이다. 그뿐만 아니라 혼자서 자결한 것이 아니고 적장과 함께 죽었으니, 그 죽음이 헛되지 않았다. 그것이 비록 전세를 뒤집거나 흡족할 만큼 보복을 한 것은 아닐지라도, 그런 사람이 있었다는 것 자체가 의미가 있는 것이다. 이 생각은 매천(梅泉) 황현(黃玹 1855~1910)의 자결과도 그 맥을 같이 한다. 1910년에 일본에 나라를 빼앗겼을 때 황현은, 자신은 비록 나라를 위해 죽어야 할 아무런 의리도 없지만, 이런 상황에서 나라를 위해 죽는 사람이 아무도 없다는 것이 말이 안 된다고 생각하고 스스로 독약을 마셔 생을 마감하였다. 그 죽음은 죽음 그 자체로 큰 애국이 되었다. 황현이 논개를 두고 시를 지은 것이 단순히 우연만은 아니었으며, 그것을 먼저 알아본 사람이 바로 정약용이다. 이 기문은 의기사 마루에 걸려 있다.

의기사 현판 오른쪽에는 황현의 시 한 수를 걸어 두었다.

신내 나루 어구는 물도 향기로워서	楓川渡口水猶香
내 얼굴을 씻고서 의랑에게 인사하네.	濯我須眉拜義娘
고운 몸으로 어찌 적을 죽일 수 있었나	蕙質何由能殺賊
낭군이 이미 항오에 편입시켜서라네.	藁砧已自使編行
장계의 노인들은 제 고향 출신임을 자랑하고	長溪父老誇鄕産
진주에선 영정 그려 순국의 혼을 제사하네.	矗石丹靑祭國殤
생각하면 선조 때 인물 많이 났는데	追想穆陵人物盛
기적(妓籍)의 한 줄기 빛도 천추에 전해지네.	千秋妓籍一輝光

의기사에 걸린 시판에는 이 시의 제목을 「의기사감음(義妓祠感吟)」이라고 하였다. 의기사를 보고 느낀 바가 있어서 읊었다는 말이다. 이 작품이

의기사감음-황현

『매천집』에는 「의기논개비(義妓論介碑)」라는 제목으로 실려 있다. 제목에서 말하는 비석은 1864년에 장수현감 정주석(鄭冑錫)이 논개의 생가터에 세운 촉석의기논개생장향수명비(矗石義妓論介生長鄕竪命碑)일 것이

라는 주장도 있으나, 그곳에는 시에서 말하는 풍천 나루가 없다. 한편 영남문학회에서 발행한 『촉석루지』에 '풍천모범(楓川暮帆)'을 십경(十景) 중 하나로 소개한 것을 볼 수 있는데, 여기에서 말하는 풍천은 촉석루에서 바라다 보이는 남강의 별칭일 것으로 추정된다. 풍천이 남강을 가리키는 것이라면 이 시의 원래 제목 「의기논개비」는 의암 바로 위쪽 벼랑 아래에 세워진 의암사적비를 가리키는 것으로 보아야 할 것이다.

의기사 현판 왼쪽에는 진주 기생 산홍(山紅)의 시가 걸려 있다. 제목은 역시 「의기사감음」이다.

천추에 이어오는 진주의 의기(義氣)여	千秋汾晉義
두 사당 세워지고 높은 누각 서 있구나.	雙廟又高樓
일 없는 세상에 사는 게 부끄러워	羞生無事日
피리 불고 북 치면서 되는대로 노니네.	笳鼓汗漫遊

여기서 두 사당이라 한 것은 창렬사와 의기사를 가리킨 것 같다. 산홍은 의기사를 보면서 논개처럼 나라를 위해 무언가 힘을 보태고 싶은 생각이 든다. 하지만 그럴 만한 일이 없어 그저 되는대로 노닐기만 하니,

의기사감음-산홍

그런 자신이 논개를 보기에 부끄럽다는 말이다.

황현의 『매천야록』 1906년 기사에는 다음과 같은 이야기가 수록되어 있다.

> 진주 기생 산홍은 얼굴이 아름답고 서예도 잘하였다. 이때 이지용(李址鎔)이 그를 불러 첩을 삼으려고 하자 산홍은 사양하기를, "세상 사람들이 대감을 오적의 우두머리라고 하는데, 첩이 비록 천한 기생이긴 하지만 자유롭게 사는 사람으로서, 어찌 역적의 첩이 되겠습니까?"라고 하였다. 이에 이지용이 크게 노하여 산홍을 때렸다.
>
> 이때 어떤 사람이 그에게 "온 세상 사람들은 앞을 다투어 매국노에게 달려가, 노비처럼 굽신 거리느라 날마다 부산하네. 그대 집에 금과 옥이 집보다 높이 쌓였어도, 산홍의 따뜻한 마음은 사기 어렵다네.[擧世爭趨賣國人, 奴顔婢膝日紛紛. 君家金玉高於屋, 難買山紅一點春.]"라는 시를 지어 주었다.

이지용은 조선 말기에 과거에 급제하여 벼슬을 하다가, 1905년 11월에 내부대신으로 을사늑약 체결을 주도하여 이른바 을사오적으로 지탄을 받았던 인물이다. 이 사건이 있던 때는 이지용이 그야말로 막강한 세력을 떨치던 때인데, 산홍은 논개의 의기를 이어받았는지, 이렇게 당차게 이지용을 꾸짖어 망신을 주었다. 그리고는 이지용의 회유와 협박을 견디지 못하여 자결한 것으로 전해진다. 논개 보기 부끄럽다는 말이 그저 말잔치에 불과한 것이 아니었음을 확인할 수 있다.

촉석루 올라가기

이제 본격적으로 촉석루
에 올라가 보자. 세 개의 계
단 중 가운데 돌계단을 올
라 중간에서 담 너머로 보
았던 촉석루 현판을 다시
한번 올려다본다. 이 현판
은 조선 명필 조윤형(曺允亨
1725~1799)의 필적이다. 조윤
형의 자는 치행(穉行)이고,
호는 송하옹(松下翁)이며, 본
관은 창녕이다. 벼슬은 호

촉석루 북쪽 현판-조윤형 글씨

조참의에 이르고 지돈녕부사를 역임하였으며, 글씨를 잘 썼기 때문에
서사관(書寫官)을 역임하기도 하였다.

돌계단 위에서 신발을 벗고 다시 나무계단을 올라 마루에 들어선다.
복잡한 구조에 단청이 고운 천장을 한 번 둘러 보지만 건축에 문외한
인 사람이 뭔가를 제대로 느낄 수가 없다. 고건축 전문가에게서 촉석
루에 대한 설명을 들어 보아도 무슨 말인지 알아듣기가 쉽지 않다. 정

촉석루 천장

면 5칸, 측면 4칸, 민흘림기둥에 주심포 형식이라는 말까지는 그다지 어렵지 않지만, 천장이 연등 천장이고, 서까래는 개판으로 막음을 하였으며, 좌우 퇴칸에만 작은 우물 반자를 설치했다는 말은 얼른 머릿속에 들어오지 않는다. 더구나 구조는 7량가(七梁架)로 기둥 위에 대들보, 중종보, 종보 등을 걸어 들보가 세 줄로 층을 이루고, 창방과 주심도리, 장혀 사이에 화반을 설치하였으며, 기본적으로 모로단청이지만 계풍에 별지화를 풍부하게 베풀어서 비교적 화려하다는 설명에 이르면 이해에 한계를 느낀다. 다만 규모가 큰 다른 건축물은 대체로 대들보를 건물 안쪽의 높은 기둥 위에 걸쳐 일단락을 하고, 그 바깥은 툇보를 거는 데 반해, 촉석루는 건물 맨 앞쪽 기둥에서 맨 뒤쪽 기둥까지를

대들보 원목 운반 장면. 중건 당시 교육감 강용성씨의
손자 강재욱씨가 기증한 사진 (진주문화원 소장)

하나의 대들보로 짜 맞춘 것이 중요한 특징이라는 말은 기억해 둘 만
하다. 이런 구조는 한국 전쟁 때 소실되기 전에도 마찬가지였는데, 대
들보로 육송이 아니라 전나무를 사용한 이유와도 관련이 있을 것으로
보인다. 이렇게 긴 육송은 구하기가 상당히 어렵기 때문이다. 촉석루의
대들보로는 1956년에 강원도 설악산에서 채취한 272년생 전나무가
사용되었다. 이 나무의 운반에는 육군 3사단 소속 군인들이 동원되었
는데, 나무가 너무 길어 군용 트럭이 굽은 길을 지날 때 가옥 담장 수십
곳을 허물기도 하였다고 전해진다. 가능하면 원래 모습대로 복원하려
고 얼마나 고심했는지 엿볼 수 있는 대목이다.

내부를 둘러보고 나서 난간으로 다가가 시원한 강바람에 얼굴을 맡

촉석루의 전망-진주교 쪽

기고 잠시 조망을 해 본다. 오른쪽으로 멀리 진양호를 막 벗어난 물줄기가 햇볕에 반짝이고 있고, 왼쪽으로는 진주교 너머로 뒤벼리의 절벽이 강물 줄기를 막아선다. 진주교 상판 아래쪽으로 교각이 있는 곳마다 두 개씩의 금빛 둥근 고리 모양의 장식이 조그맣게 보인다. 이것은 논개가 적장을 안고 남강에 뛰어들 때 손이 풀어지지 않도록 열 손가락에 미리 끼워두었다는 가락지를 상징한다고 한다. 이 남강은 경호강과 덕천강이 진양호에서 합류하여 시작되고, 창녕군 남지읍에서 낙동강을 만나 더 큰 강물이 된다. 경호강은 덕유산에서 발원한 것이고, 덕천강은 지리산에서 발원한 것이니, 수량이 풍부하고 수질도 매우 양호하다. 기실 진양호는 바다에서 멀리 떨어져 있지 않으니 금세 바다

촉석루의 전망-진양호 쪽

로 들어갈 길을 찾을 수 있을 만도 한데, 남강 물은 옆으로 옆으로 흘러 낙동강을 만나 부산에 이르러서야 바다로 들어간다. 이른바 낙남정맥 때문이다. 낙남정맥은 지리산 영신봉에서 시작하여 김해 분성산에 이르는 산줄기를 가리키는데, 낙동강 남쪽에 있다고 하여 그렇게 이름 붙인 것이다. 가장 높은 산이 기껏해야 800m 정도밖에 되지 않고 대부분 나지막한 산과 구릉으로 되어 있다. 길이는 200km에 이르는데, 낮은 곳은 산맥인지 아닌지 구분이 되지 않을 정도인 곳이 많다. 그러나 이 산줄기는 우리나라 13개 정맥 가운데 하나로 당당히 이름을 올리고 있다. 강의 유역을 가르는 분수령이기 때문이다.

남강에서는 가을이 되면 유등 축제가 열린다. 유등(流燈)은 등불을

유등 축제(진주시청 제공)

흘려보낸다는 의미인데, 그 정확한 유래는 알려진 것이 없다. 일각에
서는 임진왜란 때 진주성 안의 군사와 성 밖의 의병 등 지원군과의 군
사 신호의 일환으로 풍등을 하늘에 올리고, 남강에 등불을 띄워 남강
을 건너려는 왜군을 저지하였던 것이 그 유래라고 하지만, 관련 기록을
찾을 수 없다. 후일 진주 사람들은 임진왜란 때 국난 극복에 몸을 바친
순국선열들의 넋을 위로하기 위해 남강에 유등을 띄웠다고 하며, 이 전
통이 면면히 이어져 진주남강유등축제로 자리 잡게 되었다고 한다.

초기에는 무사안녕을 비는 의미에서 가족들의 이름을 쓴 등불을 작
은 장난감 배나 등 모양의 배에 실어 강물에 띄워 보내는 조촐한 행사
였다. 그러던 것이 2000년부터 개천예술제 행사에서 독립된 행사로 발

전되어, 이제는 전국적으로 유명한 축제가 되었다. 문화체육관광부로부터 여러 차례 최우수축제로 선정되었을 뿐만 아니라, 2011년에는 대한민국 대표 축제로 지정되어 세계적인 축제로 발돋움하고 있다. 유등의 규모도 점점 커져서 강물 위에 다보탑이나 장군상 등 큰 모형 등을 수십 개 만들어 띄워 놓고, 진주성 안에도 진주성 전투 장면이나 우리속담 내용을 구현한 모형 등을 세워 두기도 하였다.

이렇게 남강과 촉석루는 진주시민의 정신적 구심점이 되고 있다. 어떤 이는 진주 지역만이 갖는 독특한 정신이 있으며, 일찍부터 그것을 일러 '진주 정신'이라고 한다고 하였다. 진주 정신의 뿌리는 임진왜란 때 본격적으로 싹트게 되었으며, 거기에는 수많은 의병장을 배출한 남명 조식(曺植 1501~1572)과 적장을 안고 투신한 논개가 끼친 영향이 적지 않다. 그것은 후에 진주농민항쟁과 형평 운동 등으로 이어졌다고 볼 수 있을 것이다.

남장대, 서장대, 북장대

유유히 흐르는 남강을 내려다보던 시선을 거두어 다시 촉석루 내부를 둘러본다. 먼저 정면 중앙에 나지막이 자리 잡고 있는 남장대(南將臺)

남장대-정명수 글씨

현판이 첫눈에 들어온다. 진주에서 활동한 서예가 은초(隱樵) 정명수(鄭命壽 1909~2001)가 쓴 것이다. 그다지 세련된 필획은 아니지만, 마치 장비가 장팔사모를 꼿꼿이 세우고 서 있는 듯 힘찬 모습이다. 촉석루가 그저 바람을 쐬고 강물을 내려다보는 풍류 공간이라 생각하고 올랐다가도, 이 남장대 현판을 보면 문득 전투 지휘에 여념이 없는 장수의 모습이 떠올라 숙연해지곤 한다.

장대는 전쟁할 때 장수가 지휘를 하는 곳이다. 진주성에는 동서남북으로 네 개의 장대가 있었다. 촉석루는 진주성의 남장대이기도 하다. 현재는 남장대를 비롯해서 서장대(西將臺)와 북장대(北將臺)가 남아 있다. 남장대는 장대 중에 제일 규모가 커서 전투 지휘의 본부가 되었다.

남장대, 서장대, 북장대

서장대

　서장대와 북장대의 현판도 역시 정명수의 필적인데, 세 글씨는 결구는 비슷하지만 필획은 약간 차이가 있다. 특히 서장대 현판은 마치 장수가 긴장을 약간 풀고 쉬고 있는 듯한 느낌을 준다.

　서장대는 지금은 정자처럼 되어 있지만 원래는 남장대와 같은 다락집이었다. 『여지도서』에는 회룡루(回龍樓)라고 기록되어 있다. 지금 건물은 1934년에 진주의 독지가 서상필(徐相弼 1892~1955)씨가 단독으로 출자하여 새로 지은 것이다.

　진남루(鎭南樓), 혹은 공북루(拱北樓)라고도 불렸던 북장대는 공북문으로 들어가서 오른쪽으로 꺾어 영남포정사 문루를 지나 다시 오른쪽으로 조금 올라가면 진주 시내가 한눈에 내려다보이는 곳에 자리 잡고

북장대

있다. 조선 중기에 건축되었던 것이 임진왜란 당시 소실되었고, 1618년
에 병사 남이흥이 촉석루를 중건하면서 함께 중건하였다. 지금 건물은
1964년에 중수한 것이다.

동장대는 현재는 사라지고 없는데, 1911년 어느 날 밤중에 무너져
버렸다고 전해지고 있다. 본래의 위치는 진주대로 동편 어느 지점으로
추정이 되는데, 진주성의 외성이 모두 발굴되고 나면 정확한 위치를
알 수 있을 것이다. 지금은 장대동이라는 행정구역 명칭 속에 흔적만
남기고 있을 뿐이다.

촉석루 시 현판

촉석루에 걸린 시판(국립중앙박물관 소장)

촉석루는 경관도 좋고 역사적으로 의미가 있는 장소이기 때문에 촉석루에 오르면 그 누구라도 눈에 들어오는 경치를 그려내고 싶고, 마음 한구석을 차지하고 있는 회포를 펼쳐내고 싶은 마음이 든다. 그러니

글을 하는 선비가 이곳에 올라 어찌 시 한 수 없을 수가 있겠는가? 촉석루에서 수많은 시가 지어졌겠지만, 후인들은 그중에 의미 있는 작품을 골라 누각 곳곳을 꾸몄다. 그렇게 해서 문인 묵객들은 시간을 뛰어넘어 감회를 공유하고 정신적으로 교유를 이어갔다.

지금은 주련을 포함하여 10수의 시판이 걸려 있지만 예전에는 지금보다 훨씬 많은 시판이 빼곡히 걸려 있었다. 그러나 그 시판을 모두 알아볼 수 있게 찍은 사진은 찾을 수 없다. 다만 기록을 통해 옛날에 이황이나 홍화보의 시가 걸려 있을 때가 있었다는 것은 확인할 수 있다. 그런데 1960년 3월에 영남문학회에서 발행한 『촉석루지』에는 「제현음영(諸賢吟詠)」이라는 제목 아래 26수의 시가 실려 있다. 이 『촉석루지』를 발행할 때는 불에 탄 촉석루 중건 공사가 완료되어가는 시점이었기 때문에, 그 작품은 아마도 촉석루가 소실되기 전에 걸려 있던 것을 누군가 채록해 둔 것이 아닐까 추측해 볼 수 있겠다. 지금 촉석루에 걸린 시 가운데 정을보, 정이오, 정문부의 시와 삼장사 시, 주련으로 걸린 신유한의 시와, 의기사에 걸린 황현의 시가 여기에 포함되어 있다. 그러나 사진을 통해 일부 확인되는 시판과도 차이가 있기 때문에 정확히 어느 시점에 어떤 기준으로 작성한 것인지는 분명하지 않다. 이제 지금 걸려 있는 시판을 하나하나 읽어 보기로 한다.

남장대 현판으로부터 시계 방향으로 돌면 첫 번째 만나는 현판에 면재(勉齋) 정을보(鄭乙輔)의 시가 쓰여 있다. 정을보는 촉석루에 걸린 시의 작자들 가운데 가장 이른 시기의 사람이다. 1320년(충숙왕 7년)에 국자시에 합격하였고, 1345년(충목왕 1년)에 정당문학이 된 후 1352년(공민왕 1년)에 찬성사가 되었다. 그는 본관이 진주이기 때문에 후에 청천(菁川)이라는 군호(君號)를 받았다. 청천은 남강의 옛 이름 가운데 하나이다. 그의 시는 다음과 같다.

황학루는 한 때에 이름난 누각인데	黃鶴名樓彼一時
최 공이 좋아하여 시를 남겨 두었지.	崔公好事爲留詩
올라 보니 경치는 변함이 없건마는	登臨景物無增損
제영의 풍류는 성쇠가 보이누나.	題詠風流有盛衰
고기 낚고 소 매던 곳 가을 풀은 시들고	牛壟漁磯秋草沒
백로 수리 놀던 물가 석양은 더디 지네.	鷔梁鷺渚夕陽遲
사방의 푸른 산은 갓 그려낸 그림이요	靑山四面皆新畵
세 줄로 선 기생들 옛 노래를 부르네.	紅粉三行唱古詞
옥 술잔 높이 드니 산에 달은 올라오고	玉笛高飛山月上
주렴을 반 걷으니 재엔 구름 드리웠네.	珠簾暮捲嶺雲垂
난간 잡고 둘러보매 천지도 작아 뵈니	倚欄回首乾坤小
우리 고을 특출한 줄 이제 믿게 되누나.	方信吾鄉特地奇

축석루에 걸린 시판에는 「배율육운(排律六韻)」이라고 되어 있는데, 그것은 율시의 형태를 확장한 6연으로 된 배율시 형식이라는 것을 말해 주는 것이고, 『동문선』에는

정을보 시판

제목이 「진주 축석루」로 되어 있다. 시의 첫머리에서 작자는 대뜸 황학루와 최 공, 즉 최호(崔灝)를 들먹인다. 황학루는 중국 호북성 무한시를 가로지르는 양자강 남쪽에 있는 누각인데, 당나라의 시인 최호가 「등황학루(登黃鶴樓)」라는 시를 지어 세상에 유명해지게 되었다. 지금도 남창의 등왕각(滕王閣), 동정호 가의 악양루(岳陽樓)와 함께 중국의 삼대 누각으로 불린다. 황학루가 최호의 시 덕분에 유명해졌다고 하지만, 기실 최호의 시를 유명하게 만든 건 이태백이다. 이태백이 황학루에 올라 시를 지으려다가 최호의 시를 보고는 "눈앞에 경치가 있어도 말할 수 없으니, 최호의 시가 머리 위에 있기 때문."이라고 하면서 시 짓기를 포기했다고 전해진다. 이태백에게서 인정을 받았으니 최호의 시가 많은 관심을 받게 된 것은 당연한 일이었고, 그 덕분에 황학루가 덩달아 유명해졌다는 것이다. 그러니까 작자는 훌륭한 시가 있으면 축석루도 유명해질 수 있을 것이라 생각하고, 그 훌륭한 시를 자신이 지어 보리라 마

음먹고 이 시를 지었던 것은 아닐까.

작자는 제2연에서 오랜만에 누에 오른 감회를 적고, 이어서 주변 경치를 노래하였다. 그리고 촉석루 위에서 벌어지는 잔치의 분위기를 전하고, 마지막으로 자기의 관향이기도 한 진주가 아름다운 고장임을 확인한다. 이 현판은 『신증동국여지승람』이나 『동문선』에 실린 것과 몇 글자 차이가 있다. 현판을 만들 때 어디에 근거하여 확정했는지는 알 수 없으나, 그대로 읽어도 감상하는 데에는 무리가 없다.

정을보의 시 오른쪽에는 작은 글씨로 쓰여진 「진양수계서(晉陽修禊序)」가 걸려 있다. 잔글씨는 좀 천천히 보기로 하고 몸을 돌려 서쪽을 바라보면 경재(敬齋) 하연(河演 1376~1453)의 칠언 절구 시판이 보인다.

높은 성 깎은 벼랑 큰 강 들머리에	高城絶壑大江頭
동백 매화 어우러진 촉석루 서 있구나.	冬栢梅花矗石樓
만약에 여기 올라 좋은 자취 남기려면	若也登臨留勝蹟
아름다운 글을 지어 우리 고을 적어 두게.	請題佳句記吾州

이 시의 원제는 「인김경력기감사남공(因金經歷寄監司南公)」이다. 감사 남 공은 당시 경상감사 남지(南智 1400~1453)를 가리키고, 경력은 도사(都事)의 다른 이름이니, 김경력은 당시에 경상도 도사를 지낸 김문기(金文起 1399~1456)를 가리킨다. 그러니까 이 작품은 도사가 되어 떠나는 김문

기 편에 감사 남지에게 부치는 시인 것이다. 남지는 영의정을 지낸 남재(南在)의 손자인데, 남지가 경상도 관찰사가 된 것은 1439년(세종 21년)이고, 김문기가 도사가 된 것도 같은 해 12월이다. 그러니까 이 시는 하연의 나이 64세 때 지어진 것이다.

하연 시판

하연의 본관은 진주이며, 벼슬은 영의정에 이르렀다. 시를 지을 당시에 의정부에서 일을 하고 있었기 때문에, 남지가 경상도 감사로 간다는 말을 듣고 고향 생각이 나서 이 시를 지은 것으로 보인다. 동백과 매화는 섣달에도 필 수 있는 꽃이기는 하지만, 어차피 하연은 도성에 있었기 때문에 꽃을 보고 시를 지은 것은 아니다. 은근히 자기의 고향 자랑을 하면서, 남지에게 좋은 시를 지어 줄 것을 당부하는 내용이다. 그러니까 이제는 정을보가 앞의 시에서 말한 것처럼 누각이 사람 덕으로 유명해지는 것이 아니라, 사람이 좋은 자취를 남기고 싶으면 진주 고을 촉석루를 노래해야 한다는 것이다. 촉석루에 대한 자부심이 담겨 있다.

『동국여지승람』과 『진주예찬』에서는 이 시를 소개하면서 뒤에 네

구를 덧붙여 놓아 마치 칠언 율시인 양 착각하게 만든다. 그 뒷부분은
다음과 같다.

붉은 안개 붉은 구름 걷히질 않는데	赤霧彤雲凝不收
친한 벗은 더위 속에 중국을 향하누나.	親朋觸熱向成周
가는 대에 이는 바람 내 고향 물건이니	淸風細竹吾鄕物
청강의 촉석루에서 불어오는 줄 알게나.	來自菁江矗石樓

이 시는 원제가 「송사은사홍판윤여방겸기선(送謝恩使洪判尹汝方兼寄
扇)」이다. 즉, 사은사가 되어 중국으로 떠나는 홍판윤을 보내면서 아울
러 부채도 보낸다는 뜻이다. 시에 촉석루라는 말이 있기는 하지만 촉
석루에서 지은 것도 아니고, 촉석루를 두고 지은 것도 아니다. 더운 여
름철에 중국으로 떠나는 친구에게 진주에서 만든 부채를 보내면서 송
별의 뜻을 전하는 시이다.

하연의 시를 지나 북쪽을 향하면 태계(台溪) 하진(河溍 1597~1658)의 칠
언율시가 걸려있다.

전쟁 여파 눈에 가득 온 세상이 어두운데	滿目兵塵暗九區
긴 피리 한 소리에 홀로 다락 기대었네.	一聲長笛獨憑樓
외딴 성에 낙조는 붉은 빛을 거두고	孤城返照紅將斂

저자엔 맑은 이내 푸른 기운 띄웠네.	近市晴嵐翠欲浮
평생의 부귀영화 구름처럼 떠가고	富貴百年雲北去
천고의 흥폐는 물과 같이 흘러가네.	廢興千古水東流
당시의 고관대작 이제는 적막한데	當時冠蓋今蕭索
그 누가 인재의 반이 진주에 있다던가.	誰道人才半在州

원제는 「등촉석루유감(登矗
石樓有感)」이다. 촉석루에 오르
니 느껴지는 감회가 있어서 지
었다는 뜻이다. 하진은 촉석루
에 걸린 시의 작자 가운데 가
장 후배가 되는 사람으로, 임

하진 시판

진왜란이 일어난 때에는 태어나지도 않았었다. 하진은 1633년에 증광
문과에 갑과로 급제하여 사재감 직장에 임명되었으나 노친의 봉양을
위해 취임하지 않았다. 그 후 1636년에 병자호란이 일어나자 의병장에
추대되어 상주에 이르렀다가, 부친상을 당하여 다시 집으로 돌아왔다.
그 후 병조와 사간원, 사헌부 등에서 벼슬살이를 하다가 모친상을 당
해 벼슬을 사임하였다. 효종이 즉위한 후 다시 지평이 되어 김자점의
전횡을 논핵한 후 사임하고는 다시 벼슬하지 않았다.

촉석루 시 현판

시의 내용으로 보아 하진은 임란을 겪은 후에도 나라가 그다지 힘을 떨치지 못한 것에 아쉬운 마음을 금치 못하고 있는 것으로 보인다. 촉석루도 임진왜란에 불타버린 것을 광해군 10년(1618)에 중수한 것이어서 하진의 감회는 더욱 특별하였을 것이다. 그렇게 어려운 때에 진주에서 더 많은 인재가 배출되어 조정에 힘이 되었으면 좋았으련만, 그렇게 되지 못하였으니 더욱 안타깝다. 하진은 진주 근처 곳곳을 돌아다니며 많은 시를 지었다. 집현산, 청곡사, 응석사 등이 모두 그의 시작 무대였던 것이다. 그는 이 지방 사람으로서 남다른 애향심을 가지고 있었던 것으로 보인다.

하진의 시를 보고 다시 오른쪽으로 발걸음을 옮기면 교은(郊隱) 정이오(鄭以吾 1347~1434)의 시가 걸려 있다. 정이오는 자가 수가(粹可)이고 우곡(愚谷)이라는 호를 사용하기도 하였다. 본관은 진주이며, 맨 처음 보았던 시판의 작자인 정을보의 증손이다. 목은 이색과 포은 정몽주의 문하에서 공부하였으며, 야은 길재와는 친구 사이이다. 문과에 급제해서 벼슬은 찬성사에 이르렀다. 진주에서 봉직한 적은 없는 것 같으나, 진주 향교에서 가르친 적은 있다. 시는 다음과 같다.

흥폐가 갈마들어 지금을 기다렸나	興廢相尋直待今
층암절벽 높은 누각 허공에 다다랐네.	層巖高閣半空臨
들판 건너 산줄기는 이어졌다 끊어지고	山從野外連還斷

누각 앞에 이른 강은 넓어지고 깊어지네.	江到樓前闊復深
백설양춘은 선녀 같은 기녀의 노래요	白雪陽春仙妓唱
광풍제월은 진주 목사의 심사로다.	光風霽月使君心
당시의 옛 일을 아는 사람 없는데	當時古事無人識
고달픈 손 돌아와 속절없이 읊조리네.	倦客歸來空獨吟

이 시는 『동국여지승람』에도 소개가 된 것인데, 원제는 「촉석루」이며, 두 수 가운데 둘째 수이다. 예전에는 두 수가 함께 쓰인 시판이 걸려 있었는데, 중건 이후에 첫째 시는 뺀 것이다. 이

정이오 시판

시에는 서문이 딸려 있다. 『경상도속찬지리지』에 실린 서문에 의하면 본래 1413년 1차 중건 당시 중건을 주도했던 하륜이 정이오에게 시를 지어달라고 부탁하였는데, 1418년에 이르러서야 세종의 태실지 선정을 위해 진양에 내려오는 길에 이 시를 지었다는 것이다.

작자는 왜적의 침입을 당하고 왕조가 바뀌는 사태를 겪고, 일흔이 넘은 나이에 고향에 잠시 들러 지친 몸을 쉬면서 과거를 회상하고 있다. 시 형식을 살펴보면 경물 묘사에서 점층법이 사용되고 있음을

알 수 있다. 즉, 먼 곳에서부터 점점 가까운 곳으로 초점을 집약시키는 것이다. 먼저 멀리 보이는 산과 그 안쪽의 들판, 그리고 강물이 그 사이를 흘러와서 촉석루 아래에 이른다. 그 촉석루에서는 기녀들이 '백설양춘곡'이라는 고상한 노래를 부르고, 원님은 광풍제월처럼 넓고 쾌활한 마음으로 그 노래를 듣고 있다. 작자는 그 원님의 마음속까지 들어갔다 나온 듯이 원님의 심사를 세세하게 드러내 놓았다.

두 수 가운데 촉석루에 걸리지 않은 첫 번째 시는 다음과 같다.

살다 보니 인간사 고금 일이 되었는데	俯仰人間成古今
여기 올라 바라보니 좋은 경관 다함없네.	奇觀不盡此登臨
서쪽에서 온 두 갈래 물 쪽빛으로 합해지고	西來二水藍光合
남으로 뻗은 뭇 봉우리 푸른 빛 깊어졌다.	南去群峯黛色深
세상 따라 진퇴함은 두보의 탄식이요	隨世行藏工部嘆
백성과 고락을 함께함은 범중엄의 마음이라.	與民憂樂范公心
강 건너 옛 마을엔 풍광이 그대론데	隔江舊里風烟在
서울 살 땐 얼마나 고향을 노래했던가.	京輦當年幾越吟

이 작품도 역시 오랜만에 고향에 돌아온 감회를 적고 있다. 특히 제6구에서는 송나라 범중엄(范仲淹)이 「악양루기(岳陽樓記)」에서 설파한 "천하 사람들이 근심하는 것에 앞서서 근심하고, 천하 사람들이 즐거워한

후에 즐거워한다."는 말을 떠올리면서, 악양루와 촉석루에 면면히 흐르는 애민 정신을 반추하고 있다.

북쪽을 바라보고 오른편에서 두 번째에 걸려 있는 시가 조은(釣隱) 한몽삼(韓夢參 1589~1662)의 시이다. 한몽삼은 좌찬성을 지낸 한계희(韓繼禧)의 5대손으로, 본관은 청주이고 자는 자변(子變)이다. 생원시에 합격한 후 광해군의 폐모 사건을 보고 과거 공부를 그만두었다. 병자호란이 일어나자 의병장이 되어 군사를 모았으나, 이듬해 화의가 성립되자 해산하고, 함안으로 물러나 돌로 정자를 짓고 은거하였다. 자여도 찰방에 잠시 나아갔으나 곧 돌아온 후로는 다시 벼슬에 나아가지 않았다. 촉석루에 걸린 한몽삼의 시는 초서로 쓰여 있어 읽기도 쉽지 않다.

세상 처음 열릴 때 한 구역을 따로 떼어	天地初開別一區
어느 해 호사가가 이 다락을 세웠는가.	何年好事起斯樓
높은 처마에 산 그림자 멀리서 드리우고	層軒遠接靑山影
채색한 난간 푸른 물에 나지막이 흔들린다.	彩檻低搖碧水流
올라 보면 갑자기 날개라도 돋는 듯	斗覺登臨如羽化
내 신세는 문득 부평인가 싶어지네.	却疑身世等萍浮
만호후 높은 벼슬 내 분수가 아니니	求封萬戶還非分
바라노니 영전하여 이 고을에 누웠으면.	願夢三刀臥此州

촉석루 시 현판

이 시는 율시 전개 형태의 전형적인 모습을 갖추고 있다. 첫 연에서 발단을 일으키고, 둘째 연에서 경물을 노래하며, 셋

한몽삼 시판

째 연에서는 느낌을 이야기하고, 넷째 연에서 연상되고 뻗어가는 생각을 펼친다. 마지막 구절 원문의 '원몽삼도(願夢三刀)'라는 말은 진(晉)나라 왕준(王濬)의 고사에서 나온 말이다. 왕준이 어느 날 밤에 칼 세 자루를 들보에 걸어 놓았는데, 그날 밤에 칼 한 자루를 더 걸어 놓은 꿈을 꾸고 불길하게 생각하였다. 그러자 주부 이의(李毅)가 말하기를 "칼 도(刀)자가 세 개면 곧 고을 주(州)자가 되는데, 거기에 칼 하나를 더하였으니 익주(益州)가 된다. 그러니 자네가 익주의 태수가 될 징조일 것이다."라고 하였다. 후에 과연 왕준이 익주의 태수가 되었다. 여기에서 전하여 삼도는 '벼슬을 옮기다' 또는 '영전'의 뜻으로 쓰이게 되었다.

작자가 높은 벼슬은 아니더라도 진주나 다스리게 되기를 바란다고 한 말은 액면 그대로 받아들이면 곤란하다. 그가 잠깐 벼슬하고 여생을 은둔 생활로 보냈으니, 벼슬에 욕심이 없다는 것은 이미 알려진 일

이었을 것이다. 그러니 그런 사람이 욕심을 부리는 것처럼 보이는 것은 그저 그렇게 욕심이 날 만큼 진주가 좋은 고장이라는 얘기를 하는 것으로 받아들여야 할 것이다.

북쪽을 바라보고 가장 오른쪽에는 한사(寒沙) 강대수(姜大遂 1591~1658)의 시가 걸려 있다. 강대수의 자는 학안(學顏), 호는 춘간(春磵)이라고도 하였고, 본관은 진주이며, 여헌(旅軒) 장현광(張顯光)의 문인이다. 1610년의 증광문과에 을과로 급제하여 설서와 사서를 역임하고 이듬해 정언이 되었다. 1614년 영창대군의 처형을 반대하여 죽게 된 동계(桐溪) 정온(鄭蘊)을 구하려다가 회양에 유배되었다. 1623년 인조반정으로 풀려나 영변부 판관, 호조 좌랑, 동래 부사, 전주 부윤 등을 역임하였다. 진주를 다스린 것은 그의 나이 51세 때인 1641년부터 3년간이다.

전장에서 무사하기 오직 이 명소런가	戰場無恙只名區
인간 세상 성패 따른 백 척의 다락이라.	人世虧成百尺樓
천지 사이 먼 산은 아득하게 솟아 있고	納納乾坤遙峀立
고금에 큰 강물은 넘실넘실 흐르네.	溶溶今古大江流
배는 나루 한쪽에 이리저리 매여 있고	船橫官渡隨緣在
갈매기는 물결 위에 마음껏 떠다니네.	鷗占烟波得意浮
경물은 넘쳐 나도 좋은 일은 적으니	景物有餘佳況少
진양이라 강주는 시정도 쓸쓸하네.	詩情寥落晉康州

촉석루 시 현판

이 시의 원제는「난후구폐
연참 졸몽사상록시 불감불각
화당돌(亂後久廢鉛槧 猝蒙使相錄
示 不敢不刻畵唐突)」이다. '난리 후
에 오래도록 글을 짓지 않았는
데, 갑자기 관찰사가 적어 보내
준 시를 받고, 어쩔 수 없이 비

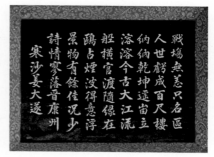

강대수 시판

교도 되지 않는 졸렬한 시를 짓는다.'라는 뜻이다. 제목 끝의 '각화당
돌'이란 말이 재미있다. '각화'는 그림을 그린다는 말이고, '당돌'은 맞서
대든다는 말이다. 못생긴 여자가 화장을 해서 천하 미인 서시에게 대
든다는 말인데, 자신을 낮추어 겸손하게 말할 때 쓰는 말이다.

이 시가 주는 전체적인 느낌은 어둡고 울적하다. 임진왜란 이후에
촉석루에 오른 사람이라면 어느 누구 할 것 없이 난을 겪으면서 진주
성에서 순국한 많은 병사와 백성이 떠오를 것이고, 그 참혹했던 장면
을 상상하게 될 것이다. 진주성에서는 그렇게 큰 비극이 벌어졌건만,
산은 그제나 이제나 변함없이 솟아 있고, 강물은 무심한 듯 넘실넘실
흘러간다. 이것은 마치 두보의「춘망(春望)」이라는 시의 "도성이 무너
졌는데 산하는 그대로 있고, 성곽에 봄이 돌아와 초목이 우거졌다.[國
破山河在 城春草木深]"라는 구절을 보는 듯하다. 산하가 그대로 있다는

말은 모든 게 파괴되어 남은 것이 없다는 말이고, 초목이 우거졌다는 말은 초목만 우거지고 나머지 생명은 활기차게 살지 못하고 있다는 말이다. 인간의 비극을 지켜본 자연의 무심함이 오히려 슬픔을 극대화시켜 주는 것이다. 이제는 진주 경치가 아무리 아름다운들 뭐 그리 즐거울 것이 있겠는가? 촉석루는 중수를 했지만 아직 임진왜란의 상흔이 가슴속에 고스란히 남아있는 판국에 기생의 노래가 어떻고, 시를 짓는 것이 어떻다고 이야기할 수는 없을 것이다. 진주성 싸움의 상처가 아물 때까지는 촉석루에 선 시인의 마음은 쓸쓸할 뿐이다. 연파에 갈매기가 흡족한 듯 떠다닌다는 것도, 시인의 마음이 쓸쓸한 것을 돋보이게 하려는 장치일 뿐이지, 그것의 한가롭고 평화로움을 노래한 것은 아니다.

강대수의 시를 끝으로 북쪽에서 동쪽으로 돌아서면 만송(晩松) 강렴(姜濂 1544~1606)의 시와 마주하게 된다.

여러 고을 함락된다 날로 봉화 오르니	南烽日警陷諸州
칼 얘기로 등불 아래 흰 머리를 마주하네.	劍語秋燈對白頭
어찌하면 좋은 꾀로 바다 재앙 제거하고	安得良籌除海祲
그대 노래 나의 술로 다시 누에 오를까.	君歌我酒更登樓

이 시의 제목은 「임진추 차하송정수일제현등루작(壬辰秋 次河松亭受一

諸賢登樓作)」이다. '임진년 가을에 송
정 하수일 등 제현들이 촉석루에
올라 지은 시에 차운하다'라는 뜻
인데,『만송강공실기』에 수록된 강
렴의 유일한 작품이다. 제목 끝에
붙은 서문에는 다음과 같은 설명이
붙어 있다.

강렴 시판

이해 4월에 왜구가 쳐들어 와, 5월에 송암(松庵) 김면(金沔)이 현풍의
곽준(郭䞭), 거창의 문위(文緯)와 함께 여러 고을에 통문을 돌리고 의병
을 일으킬 담당자를 정하였다. 뜻이 있는 사람들은 그 때 함께 호응하
는 것을 책임으로 여겼다.

옛날에는 가을이라고 하면 음력 7월부터 9월까지를 가리키는데, 1
차 진주성 전투는 10월에 벌어졌으니, 이 시를 지은 시기는 1차 진주성
전투가 벌어지기 직전이다. 이때는 다가오는 전란에 대응하기 위해 의
병을 일으킬 것을 도모하는 상황이다. 그런데 이 차운시의 원운이 되
는 하수일의「차문자신제루상운 이수(次文子慎題樓上韻 二首)」시에는 다
음과 같은 서문이 붙어 있다.

이해 여름 6월에 나는 문할(文劫), 손경례(孫景禮)와 함께 병사를 모집
하는 일을 맡았는데, 흩어진 사람들을 불러 모은 지 며칠 만에 거의

400여 명을 얻었으나, 군대에서 물자를 공급해 주지 않아 모집했던 군졸들이 하루아침에 모두 흩어져 버렸다. 일이 거의 다 되었다가 어긋났으니 하늘의 뜻이다. 문할이 절구 한 수를 지어 누각 기둥에 쓰고 자리를 파하였다. 그 후 8월 열엿새 날에 곡식이 새로 익어 군량을 갖추게 되어 다시 군사를 불러 모았다. 나는 문할의 시에 뒤쫓아 화답을 하였다.

그러니까 '문할이 누각 위에 써 붙인 시에 차운하다'라는 뜻의 이 원운시도 역시 차운시인데, 문할이 6월에 촉석루에 써 붙인 시에 대해 8월 중순 이후에야 화답을 했다는 것이다. 하수일이 지은 두 수의 시는 다음과 같다.

언제나 군악 울리며 신령한 고을 회복할까?	何時笳皷復神州
하늘의 해 분명하게 머리를 내려 비추네.	天日分明照下頭
이제야 남은 군졸 다시 거두었으니	如今更募收餘卒
말끔히 평정 못한다면 누에 오르지 않으리.	不得澄淸不上樓

어찌 다행히 우리 고을만 보존이 되었나?	何幸吾州獨保州
영남이 회복되는 것은 여기에서 시작되리.	嶺南恢復此機頭
그대가 회복하려 노력한 덕분에	憑君努力桑楡業
기쁜 모임 열린 누에서 옥패를 다시 보네.	玉佩重瞻慶會樓

촉석루 시 현판

그때만 해도 아직 진주성이 공격을 당하기 전이라서 다행으로 여기고, 장차 진주가 영남을 회복하는 교두보가 될 것이라고 생각하고 있다. 그래서 군량미를 확보하고 나서 다시 응전의 각오를 다지는 모습을 보이고 있는 것이다. 전투를 앞둔 사민의 긴장감이 느껴지면서도 한편으로는 승리를 낙관하는 자신감이 엿보인다. 과연 얼마 뒤 진주성에서는 왜적을 통쾌하게 무찔렀다는 낭보가 전해졌다.

다시 남강 쪽으로 몸을 돌리면 가장 왼쪽에 걸려 있는 농포(農圃) 정문부(鄭文孚 1565~1624)의 시를 보게 된다. 정문부는 해주정씨로, 1588년에 식년문과에 갑과로 급제하였다. 1591년에 함경북도 병마평사가 되었는데, 이듬해 임진왜란이 일어났다. 이때 회령의 국경인(鞠景仁) 등이 반란하여 임해군(臨海君)과 순화군(順和君), 두 왕자를 호종한 황정욱(黃廷彧)과 황혁(黃赫) 부자, 그리고 김귀영(金貴榮) 등을 잡아 적에게 넘기고 투항하였다. 그러자 정문부는 격분하여 관민 합작의 의병대장이 되어 반역자들을 처단하고 반란세력을 토벌하였다. 이에 놀란 왜적이 길주성으로 들어가 성문을 닫고 방어하였는데, 정문부는 왜적을 고립시키고 지원 세력을 차단하여 큰 피해를 입혔다. 이 전투를 일러 북관대첩(北關大捷)이라고 하고, 그 전말을 소상히 기록한 전승비를 북관대첩비라고 한다. 길주군에 있던 이 비석은 러일 전쟁 당시 일본군이 일본으로 가져가서 야스쿠니 신사에 보관하였는데, 2005년에 한국으로 반환되었다. 그리하여 국립중앙박물관에서 전시를 하고, 이듬해에 북한으로 인도하여 원래 자리인 김책시에 다시 세워졌고, 우리나라에는 복제품을 만들어 경복궁에 전시하고 있다. 정문부는 이괄의 난에 연루되어 고문을 받던 끝에 죽었으며, 뒤에 신원이 되어 좌찬성에 추증되었다.

임진년 병화가 팔도를 휩쓸 적에	龍歲兵焚捲八區
무고한 재앙 이 성루에 가장 처참하였어라.	魚殃最慘此城樓
굴릴 수 없는 돌이 이내 촉석 이뤘는데	石非可轉仍成矗
강은 또한 무슨 맘에 절로 절로 흐르는가.	江亦何心自在流
폐허를 일으킴에 신과 사람 힘 모으고	起廢神將人共力
허공에 솟아오르니 천지가 함께 떴네.	凌虛天與地同浮
모름지기 알리라 막부의 경영 솜씨	須知幕府經營手
장려함이 한 고을을 진압할 뿐 아님을.	壯麗非徒鎭一州

이 시의 원제는 「차촉석루운(次矗石樓韻)」이다. 정문부는 1618년 7월에 창원 부사로 임명을 받았는데, 이

정문부 시판

촉석루 시 현판

해는 바로 임진왜란 때 불에 탄 촉석루의 중건이 완성된 시기였다. 그러니까 이 시는 아마도 중건이 마무리되는 시기, 혹은 그 이후에 지어졌을 것이다. 북쪽 끝 함경도에서 혁혁한 공을 세운 작자는 남쪽 끝 진주에서 전란으로 불타버린 촉석루를 다시 일으켜 세운 모습을 보고 무척이나 감격스러웠을 것이다. 웅장한 촉석루의 모습을 잘 전달하면서, 그로 인하여 자부심을 회복하게 하려는 의도가 잘 나타나 있다.

마지막으로 남장대 현판의 왼쪽에 걸린 시가 바로 우당(憂堂) 박융(朴融 1347~1428)의 것이다. 박융의 자는 유명(惟明)이고 본관은 밀양이다. 문과에 급제하여 벼슬은 군수에 이르렀다.

진산의 형승이 남쪽에서 으뜸인데	晉山形勝冠南區
하물며 강가에 이 누각이 있음에랴.	況復臨江有此樓
펼쳐진 산 층암절벽 그대로 그림이요	列峀層巖成活畵
무성한 숲 긴 대나무 맑은 물 곁에 있네.	茂林脩竹傍淸流
푸른 산 기운은 병풍 사이 이는 듯	靑嵐髣髴屛間起
흰 새는 어렴풋이 거울 속에 떠 있는 듯	白鳥依稀鏡裡浮
땅이 영험하여 준걸난 줄 알겠노니	已識地靈生俊傑
성대에 착한 신하 끊이잖고 나오네.	盛朝相繼薛居州

진주의 경치가 남쪽 지방에서 으뜸인데, 특히 강가에 임해 있는 촉석

박융 시판

루가 있어 더욱 좋다는 것이다. 한눈에 들어오는 멧부리들은 그림처럼 펼쳐져 있고, 무성한 나무와 죽죽 뻗은 대나무가 맑은 강을 따라 우거져 있다. 푸르른 산 기운은 방안까지 들어오고, 새들은 거울 같은 강물 위에 떠 있다. 이런 아름다운 환경에서 인물도 많이 배출되어, 조정에서 임금을 보필하는 사람들이 끊이지 않는다. 진주에 대한 자긍심이 가득 차 있는 시이다. 원문 마지막 구의 '설거주(薛居州)'는 전국시대 송나라의 한 신하 이름이다. 『맹자』에 "설거주처럼 착한 신하가 왕 곁에 많이 있으면 왕이 훌륭한 정치를 하지 않을 수 없다"는 말이 실려 있다.

하륜의 촉석루기 - 1413년

시판을 일람하고 다시 마루 안쪽을 향하면 들보 위에 걸려있는 '영남

영남제일형승 현판

제일형승(嶺南第一形勝)'이란 편액이 눈에 들어온다. 청남(菁南) 오제봉(吳濟峯 1908~1991)의 필적으로, 영남에서 가장 좋은 경치라는 말이다. 오제봉은 경북 김천 출신으로 부산 지역을 거점으로 활동했던 서예가다. 16세에 출가하여 불경과 서예를 익혔는데, 후에 환속하여 서예의 보급에 힘썼다. 예서체를 즐겨 썼고, 특히 추사체에 조예가 깊었던 것으로 알려져 있다.

촉석루의 서쪽 들보에 걸려 영남제일형승 현판과 멀찍이서 마주 보고 있는 두 개의 현판 가운데 오른쪽 것은 하륜이 1414년 1차 중건 때 지은「촉석루기」현판이다.「촉석루기」는 먼저 이런 말로 시작한다.

누각을 짓는 것은 고을을 다스리는 사람이 부수적으로 하는 일일 뿐이다. 그러나 그것이 지어지고 쓰러지는 것에서 인심과 세상일을 알 수 있다. 세상일은 좋아질 때와 나빠질 때가 있고, 인심도 기뻐하고 슬퍼하는 것이 때에 따라 다른데, 누각이 지어지고 쓰러지는 것도 그와 관

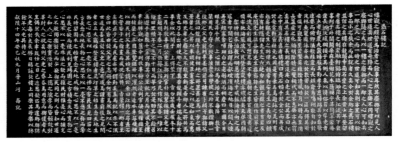

촉석루기-하륜

계가 있다. 무릇 누각 하나가 지어지고 쓰러지는 것으로 한 고을의 인심을 알 수 있고, 한 고을의 인심으로 한 때의 세상일을 알 수 있으니, 어찌 부수적인 일이라고 하여 하찮게 여길 수 있겠는가? 내가 이런 주장을 한 지가 오래 되었는데, 이제 내 고향 촉석루를 보니 그 말에 더욱 자신이 생겼다.

백성을 잘 다스리기 위해서 누각을 꼭 지어야 하는 것은 아니지만, 누각이 잘 지어졌다면 백성을 잘 다스리고 있다고 볼 수 있다는 것이다. 사회적 공감대를 형성하지 않고는 이렇게 큰 건축 공사를 하기 어렵기 때문이다.

사실 촉석루 정도 규모가 되는 건물을 하나 짓는 것이 결코 쉬운 일이 아니다. 1960년 2차 중건 때 총비용이 7,700여만 환이었는데, 이 가운데 국고에서 지원된 것이 3,000만 환, 경상남도에서 보조한 것이 1,200만 환이었으며, 나머지 3,500만 환은 지방의 관공서 및 일반인의

촉석루 중건 공사 - 중건 당시 교육감 강용성씨의 손자
강재욱씨가 기증한 사진 (진주문화원 소장)

모금으로 충당하였다. 한국은행의 경제통계시스템의 화폐가치 계산
에 따르면 당시 시세로 80kg 쌀 한 가마 가격이 1,400환이 채 되지 않
았는데, 지금은 20만 원 정도 되니까 150배 가까이 오른 셈이다. 그러
니까 7,700만 환은 지금 돈 약 100억 원 정도의 가치가 있는 셈이 된다.
1960년 당시 1인당 GNP가 100달러도 채 되지 않았다는 것을 생각
하면 촉석루 건축 비용은 실로 어마어마한 것이었다. 이 비용을 조달
하기 위해서 시민들이 자발적으로 결성한 진주고적보존회의 박세제
(1917~1981) 상무 이사를 비롯하여 김용주 진주시장(1953.11.~1957.11. 재
임)과 김택조 시장(1957.11.~1960.5. 재임), 강용성 교육감(1954~1961 재임) 등

촉석루 상량식 광경(진주고적보존회 상무이사 박세제씨의 장남 박동진씨 제공)

이 나서서 중앙 정부와 경남도청은 물론 서울에 거주하는 진주 출신 인사들과 경남의 각 시군을 찾아다니며 성금을 모금하였다. 그리하여 1958년 3월 1일에 착공하여 이듬해 10월 10일에 상량을 하고, 1960년 11월 20일에 드디어 낙성식을 하였다. 누각 하나 짓는 일이지만 당시에는 실제로 국가적인 대 역사였으며, 사회적 역량이 뒷받침되었기 때문에 가능한 일이었다. 이런 것을 보면 하륜의 말이 과장된 이야기가 아님을 알 수 있다.

「촉석루기」는 이렇게 누각의 건축이 어떤 의미가 있는지를 설파한 다음 이내 촉석루 주변 경치를 묘사한다.

촉석루는 용두사 남쪽 바위 벼랑 위에 있는데, 내가 옛날 젊었을 때 여러 번 올랐었다. 누의 제도가 크고 높으며 툭 트여서 아득하게 아래를 내려다보는데, 긴 강이 그 아래로 흘러가고, 여러 봉우리가 그 건너에 벌어 있다. 여염집의 뽕나무와 삼나무, 정자와 꽃나무들이 그 사이에 보일락말락하며, 푸른 절벽과 붉은 벼랑, 긴 모래밭과 기름진 땅이 그 곁에 연하여 있다. 그래서 사람들의 기상이 맑고 풍속이 돈후하다. 노인은 편안하게 지내고 젊은이는 바삐 돌아다닌다. 농사짓는 남자와 누에치는 여자가 부지런히 일하고, 아들과 손자는 있는 힘껏 효도를 한다. 절구질하는 노래가 높고 낮게 골목마다 이어지고, 어부들의 노래도 장단을 맞추며 벼랑을 따라간다. 새들이 지저귀며 날면서 무성한 숲에서 즐겁게 놀고, 물고기와 자라가 헤엄치며 자맥질하는데 그물에 잡힐 위험도 없다. 이곳에 있는 만물이 제자리를 얻으니 모두 볼 만하다. 흐드러진 꽃이나 우거진 녹음, 맑은 바람과 밝은 달이 때맞추어 찾아온다. 사라졌다 자라나고, 찼다가 비는 변화와, 어두웠다 맑아지고 흐렸다가 개는 변화가 교대하면서 쉬지 않으니, 즐거움 또한 끝이 없다.

우뚝 솟은 바위 벼랑 위에 웅장한 누각이 있고, 그 아래로는 강물이 흐른다. 주변엔 모래사장과 농토가 있고, 나무와 꽃이 우거져 있다. 거기에 사는 농부와 어부들은 각자 자기가 맡은 일을 열심히 하며 살고 있으니 즐거움이 끝이 없다. 이것은 결국 백성들과 즐거움을 함께하는 모습이다. 아무리 좋은 정원이 있고 동산이 있어도 그것을 혼자서 즐기려 하면 그 즐거움이 크지 않다. 반드시 백성들과 함께 즐거움을 나누어야 그 즐거움이 커지고 오래 유지될 수 있는 것이다.

「촉석루기」는 주변 경관을 묘사한 다음에는 누각의 기문과 제영시에 대해 말한다.

누각의 이름을 정한 뜻은 담암 백문보 선생의 기에 적혀 있다. 거기에 대략 말하기를, "강 가운데 우뚝우뚝한 바위가 있는데, 거기에 누각을 짓고 촉석루라고 하였다."라고 하였다. 처음에 김 공이 착수하였고, 상헌 안진에 의해서 완성되었는데, 두 사람 모두 장원을 했기 때문에 장원루라고도 하였다. 제영시가 훌륭하기로는 면재 정 선생의 배율육운 시와 상헌 안 선생의 사운 시, 그리고 운은(耘隱) 설(偰) 선생의 육 절구(六絶句)가 있다. 화운을 하여 그 뒤를 이은 사람으로는 급암(及庵) 민 선생과 우곡 정 선생, 그리고 이재(彝齋) 허 선생이 있는데, 모두 아름다운 작품이어서 선배들의 풍류와 문채를 상상해 볼 수 있다.

여기에서 거명한 사람 중 면재 정을보와 우곡 정이오의 시는 지금 촉석루에 걸려 있다. 상헌 안진과 운은 설장수(偰長壽)의 작품은 전해지지 않고, 이재 허 선생은 누구인지 알려지지 않았다. 급암 민사평(閔思平 1295~1359)의 시는 『급암시집』에 실려 있는데, 그 내용은 다음과 같다.

진주는 해주에서 천 리도 넘는데	菁城竹郡千餘里
빨리 가면 며칠간은 즐길 수 있으리라.	縮地能成數日懽
내 몸 이미 늙은 것을 스스로 웃거니와	自笑及菴身已老
한가론 꿈 술자리를 맴도는 걸 어찌하리.	不禁閑夢遶杯盤

주인은 자주 보는 평범한 일인데	主人貫見尋常事
애끊는 소주자사 취기 가시지 않네.	腸斷蘇州醉未消
어찌하면 남방의 미녀를 데려다가	安得採來南國艶
하룻밤 술동이 앞에서 아양을 떨게 할까	尊前一夜鬪嬌饒

아름다운 진양 땅 일찍이 들렀던 곳	晉陽佳麗曾經處
누대의 음악 소리 자주 꿈에 들어오네.	歌管樓臺入夢頻
묻노니 지금 만일 원님이 없다면	且問如今無地主
강 가득한 가을 달은 누구 것이 되는가.	滿江秋月屬何人

별 뜻 없이 어쩌다가 술에 이끌려	無端偶被酒拘牽
역관에서 하룻밤 자는 줄도 몰랐네.	不覺郵亭一夜眠
행인 막아 이틀 밤 자게 할까 두려우니	恐阻行人經信宿
이별의 눈물로 시냇물을 불리지 마오.	莫傾別淚漲啼川

원제는 「진주김사군장지관 방해주성사군상별 시이기지(晉州金使君將之官 訪海州成使君相別 詩以寄之)」이다. 진주 목사가 된 김승구(金承矩)가 부임할 때 해주 목사 성원규(成元揆)를 찾아가 이별하였는데, 그때 시를 지어 주었다는 것이다. 네 수로 되어 있지만, 내용은 죽 이어진다. 헤어지

기가 아쉬우니 나중에 축지법을 써서라도 천 리 길을 서둘러 가기로 하고 우선은 며칠간 즐기자고 한다. 해주 목사는 이별하는 일을 자주 겪어서 별다른 감정이 없는데, 남쪽 진주로 떠나갈 사람은 마치 남쪽 소주자사로 간 당나라 시인 위응물(韋應物)처럼 서글픈 생각에 술에 취하였다. 진주 목사가 된 사람이 그렇게 가기 싫어한다면 남강에 비치는 달은 누가 즐길 것인가. 아쉽지만 떠나야 할 것이니 너무 울어서 눈물로 냇물이 불어나게는 하지 말라. 대강 이런 내용이다. 촉석루라는 말은 나오지 않지만 세 번째 시에서 말하는 누대는 촉석루일 것임을 짐작할 수 있다. 작자 민사평이 가 본 적이 있어서 남강에 비친 달과 촉석루의 아름다움을 기억하고 어서 부임하라고 얘기하는 것이다.

「촉석루기」는 이어서 촉석루를 중수하게 된 경위를 이야기한다.

불행히 고려 말에 모든 법도가 무너지고 변방의 수비도 해이해져서 왜적들이 쳐들어오니 백성들이 도탄에 빠지고 촉석루도 불타버렸다. 조선이 개국한 뒤에 훌륭한 임금들이 이어져 정사와 교화가 밝아지니, 은택이 온 나라를 적시고 위세가 해외에 떨쳤다. 전에 도적질을 하던 자들이 관문을 두드려 항복을 구걸하면서 연달아 보배를 바치니, 바닷가 땅이 날로 개벽이 되고, 인가가 다시 들어찼다. 홀아비와 과부들이 휘파람을 불고, 머리가 반백이 된 노인들이 술을 따르면서, 오늘날 태평성대를 직접 볼 줄은 생각지도 못했다고 하며 축하하였다. 그러나 임금께서는 오히려 다스림이 미흡하다 여기고 매양 교지를 내려 백성들에게 부역을 시키지 말라고 하니, 수령은 농사나 교육에 관계된 일이 아니면 아무 일도 감히 일으키지 못하였다. 고을의 원로인 전 판사 강순(姜順)과 전 사간 최복린(崔卜麟) 등이 여러 원로들과 의논하기를, "용두사는 고을이 생긴 초기에 땅을 골라잡은 곳이고, 우뚝한 바위가 있어 한 고장에서 가장 경치가 좋은 곳입니다. 옛 사람들이 사신이나 빈객의 마음을 즐겁게 하여 화락한 기운을 맞아들여 그 혜택이 고을 백성들에게 미치게 하는 곳이지요. 그런데 그것이 쓰러진 지 오래 되었는데도 다시 세우지 못하니, 이것은 우리 고을 사람들의 공동 책임입니다."라고 하였다. 이내 각자 자금을 내놓고, 용두사에서 부처를 모시는 고을 승려 단영(端永)으로 하여금 일을 주관하게 하였다. 나는 이 일을 임금께 알리고 일을 추진해도 좋다는 허락을 받았다.

그러니까 1차 중건도 민간에서 원로들에 의해 먼저 발의가 된 것이었다. 조선 건국 후에 사회도 어느 정도 안정이 돼 가는 시기였기 때문에 왜구에 의해서 소실된 지 30여년 만에 중건을 추진할 수 있었다. 그리고 촉석루를 이용하는 사람이 고관대작들이라 할지라도 그 혜택은 결국 백성들에게 돌아가게 된다는 것을 명분으로 삼았다.

이어서 촉석루 중건 과정을 간단하게 서술하였다.

임진년(1412) 12월에 판목사 권충이 이르러서 판관 박시혈과 함께 여러 원로들의 의견을 모았다. 이듬해 봄 2월에 제방을 쌓는데 백성들을 편을 나누어 각 편에서 둑 하나씩을 쌓아 농토와 마을의 오랜 걱정거리를 제거하니, 열흘도 되지 않아 공사가 끝났다. 이에 형편이 넉넉지

않은 사람들을 도와주고 일이 없는 사람들을 소집하니 수십 명이 되
었다. 그들을 재촉하여 가을 9월에 낙성을 보았다. 높은 누각이 새롭게
지어지니 좋은 경치는 예전과 같았다. 지금 판목사 류담과 판관 양시권
이 후임으로 와서 단청을 하고, 또 올라가 둘러보고는 농지에 물을 댈
계획을 하여 수차(水車)를 만들고 제방을 쌓아 백성들의 이익을 키웠다.

이 기록에 따르면 촉석루 중건 공사를 하면서 강둑을 쌓는 일도 같
이 한 것으로 보인다. 그리고 낮은 곳에서 높은 곳으로 물을 퍼 올리는
수차도 설치하여 홍수와 가뭄에 모두 대비를 하였다. 이 과정에서 일
없는 사람들에게 일거리가 생겼으니 이른바 고용 창출도 한 셈이었다.
촉석루를 중건하는 데 걸린 기간은 길어야 7, 8개월 정도밖에 되지 않
았다. 1960년에 완공된 2차 중건이 1년 이상 걸린 국가적인 대역사였
던 것을 생각하면 비교적 수월하게 일을 마쳤던 것으로 보인다. 창건
이후 150년 정도 지난 후 왜구의 침입으로 소실되었다가, 30년 후에 다
시 지은 그 건물은 180년 동안 유지되었다가 임진왜란 때 다시 대부분
소실이 되고 만다.

마지막으로 작자는 기문을 짓게 된 경위와 아울러 촉석루에 오르는
사람이 지녀야 할 마음가짐을 말하는 것으로 글을 끝맺는다.

고을의 원로들이 그 전말을 모두 기록하여 나에게 요청하기를, "강의
제방을 쌓고 촉석루를 지은 것은 모두 그대가 계획하여 이룬 것이고,

1927년의 촉석루(국립중앙박물관 소장)

게다가 임금님께 특별히 윤허를 받아냈으니 온 고을을 크게 빛낸 것이오. 여러 군자들이 백성들을 위해 염려하는 것도 가볍지 않으니, 기문을 지어 없어지지 않을 것임을 보여주면 좋겠습니다."라고 하였다. 내가 말하기를, "이것은 모두 원로들께서 뜻을 세우고 원해서 된 것이지 내가 무슨 공이 있겠습니까?"라고 하였다. 그러나 이미 인심과 세상일이 좋아진 것이 기쁘고, 또 원로들의 뜻에 느끼는 바가 있어 삼가 전후에 보고 들은 것을 적는다.

다시 생각해 보면, 이 누각에 오르는 사람이 물가의 풀이 막 돋아나는 것을 보고 천지가 만물을 길러내는 마음을 생각하여 어질지 않은 참혹한 짓으로 조금이라도 민생을 해치지 말아야겠다는 생각을 하고, 밭에 싹이 막 자라나는 것을 보고 천지가 만물을 길러내는 마음을 생각하여 급하지 않은 일로 백성들이 농사지을 시간을 조금도 빼앗지 말아야겠다는 생각을 하고, 동산의 나무에 처음 열매가 열리는 것을 바라보고 천지가 만물을 이루어 주는 마음을 생각하여 옳지 않은 욕심으로 백성들의 이익을 털끝만큼이라도 침해하지 말아야겠다는 생각을 하고, 마당에 노적가리가 쌓이는 것을 보고 천지가 만물을 길러내는 마음을 생각하여 법에 어긋난 방법으로 세금을 거두어 조금이라도 백성들의 재산을 빼앗지 말아야겠다는 생각을 하고, 이런 마음을 확대해 나가 감히 혼자서만 즐기려 하지 않고 반드시 백성들과 함께 하면, 사람들이 모두 세상일이 화평하고 인심이 즐거운 것이 실은 임금의 깊고 두터운 덕에 근원을 둔 것이라는 것을 알고, 모두 화(華)의 봉인(封人)이 축하했던 것을 본받고자 할 것이다. 그러니 원로들이 간절히 마음을 써서 다시 일으킨 것이 어찌 우연한 일이겠는가? 내가 다행히 벼슬에서 물러날 때가 가까워졌으니, 필마를 타고 고향에 돌아가 여러 어른들과 함께 좋은 철 좋은 날에 촉석루 위에서 술 마시고 시를 읊으며 그 즐거움을 함께 하면서 여생을 마치려 하니, 어른들은 기다려 주시기 바란다.

　작자는 이 대목에서 목민관의 태도에 대해 말하고 있다. 사람들은 목민관이 되면 백성들에게 이러이러한 것을 해 주어야 한다는 생각을 많이 한다. 그러나 목민관은 백성들에게 무엇을 해 줄 것인가를 고민하기보다는 무엇을 하지 말아야 할 것인가를 고민해야 한다는 것이다. 기실 인간은 누가 간섭만 하지 않으면 각자 알아서 잘 살아갈 수 있는 존재이다. "해가 뜨면 일어나고, 해가 지면 쉬며, 농사지어 밥을 먹고, 우물 파서 물 마시니, 임금이 나에게 해 준 것이 무엇이 있는가."라는 내용의 「격양가(擊壤歌)」는 고대 사회 정치의 이상적인 모습을 노래하고 있다. 작자는 촉석루에서 바라다보이는 자연을 보면서 그 아름다움을 노래할 것이 아니라, 백성들을 형벌로 다스리고, 부역을 시키고, 세금을 많이 거두어 나라를 잘 다스리겠다고 하는 것이 옳지 못한 생각이라는 것을 깨닫는 계기로 삼아야 한다고 말하고 있다. 눈에 들어오는 것 모두 천지가 우리에게 베풀어 주는 것이니, 그 속에서 위정자는 자신의 역할이 그런 생명의 소중함을 해치지 않는 것이라는 것을 자각해야 한다는 것이다. 그렇게 되면 화의 봉인이 요임금을 위해 축원해 주겠다던 것을 본받아, 진주의 백성들이 위정자를 위해 복을 빌어줄 수 있게 될 것이라고 하였다. 요임금이 화 땅을 순행할 때 화 땅의 경계를 관장하던 봉인이 요임금에게 장수하기를 빌고, 부자가 되기를 빌고, 아들을 많이 두기를 빌어 주었는데, 요임금은 그런 것들은 덕을 기르는 것이 아니라고 하여 모두 사양하였다는 『장자(莊子)』의 이야기를 인용한 것이다.

　이 「촉석루기」에는 많은 정보와 의론이 담겨 있어 한 번 천천히 음미해 볼 만하다.

하수일의 촉석루중수기 - 1583년

「촉석루기」 왼쪽으로 나란히 걸려 있는 현판은 송정(松亭) 하수일(河受一— 1553~1612)의 「촉석루중수기」이다. 1583년 3차 보수를 했을 때 지은 것이다. 하수일은 진주 수곡면 사곡에서 태어났다. 종숙부인 각재(覺齋) 하항(河沆 1538~1590)에게서 공부하였으며, 남명 조식의 학문을 전수받았다. 젊어서부터 뛰어난 글재주를 인정받아 여기저기에서 글을 지어달라는 요청을 많이 받았는데, 31세 때 지은 「촉석루중수기」도 그중 하나이다.

　　당나라 유종원에게서 들었다. "훌륭한 사람은 일으키고 어리석은 사람은 쓰러뜨린다. 쓰러지면 다시 일으켜 세우는 것이 옳고, 쓰러진 대로 버려두는 것은 잘못이다." 나는 이 말이 명언이라고 생각한다. 옛날에 그렇게 한 사람으로는 등왕각의 왕홍중이 있었고, 악양루의 등자경이 있었다. 모두 그 쓰러진 것을 다시 일으킨 것이다. 이들은 과연 훌륭한 사람들일 것이다. 지금 그런 사람으로는 우리 목사 신 공이 있다.

　　촉석루는 진주의 이름난 누각이다. 고려 때 김중광과 그 별가 이사충이 처음 성을 쌓고 이 누각을 지었다. 그 후 연달아 불에 타서 흥폐가 무상하였다. 그러다가 홍치 4년(1491)에 이르러 진주 목사 경임이 판관 오치인과 함께 또 중수하였다. 이제 93년의 오랜 세월이 흘러 마룻대가 끊어지고 기둥이 기울어져 사용할 수 없게 되었다. 그래서 귀한 손님이 오거나 큰 잔치를 베풀려면 늘 객사를 사용하였다. 그러나 여러 목

촉석루중수기-하수일

사를 거치는 동안 모두 상황이 여의치 않아 일을 벌이지 못하였다. 그러다 우리 목사에 이르러 경상도 관찰사 유 공과 함께 새 누각을 세울 궁리를 하여 옛날보다 더 큰 규모로 지었다. 그 때가 만력 11년(1583) 봄 2월이었다.

누각의 규모는 5칸으로 하여 마룻대가 모두 여섯 개이고, 넓이는 38척으로 하여 한 길 높이의 기둥이 모두 50개이다. 동쪽에 있는 것이 청심헌과 함옥헌이고, 서쪽에 있는 것이 관수헌과 쌍청당인데, 모두 이 촉석루를 향하고 있는 것이 마치 아랫사람이 어른을 향하고 있는 것 같다. 옛날에는 위아래 기둥이 상당히 낮고 약했는데, 지금은 높고도 웅장하다. 안을 밝게 하고 튼튼하게 하려는 것이다. 그 밖에 문과 연석을 종횡으로 갖추고, 외부의 단장을 법도에 맞게 하는 것은 모두 예전 대로 하였다. 두공·들보·서까래가 정연하며, 중후하고 견고하여 흔들리지 않는 것은 예전보다 백배나 나아졌다. 제도가 새로워지고 경관이 더 좋아졌으며, 산은 더욱 높아 보이고 물은 더욱 맑아 보인다. 툭 트이고 허공에 우뚝 솟아 해와 별이 도는 것을 바라보고 비바람이 몰려오는 광경을 볼 수 있다. 깨끗하고 시원스러워 눈과 귀로 보고 듣는 경치가 다투어 아름다움을 바치니, 모든 것이 더 새로워진 것 같았다.

　이 해 여름 4월에 공사가 끝나니 바로 초파일이었다. 관찰사와 우리 목사는 관원과 손님들을 거느리고 이곳에 올라 낙성식을 하였다. 의장기와 수레의 휘장이 삼엄하게 드날리고, 온갖 풍악이 요란하게 울렸다. 종일 구경하고도 또 밤에까지 이어져 실컷 즐긴 뒤에 파하였다.

　아! 왕 씨가 등왕각을 만들 때 법령이 다듬어지고 사람들이 편안하였다. 등 씨가 악양루를 만들 때 정사가 순조롭고 사람들이 화합하였다. 그러니 우리 관찰사의 명령만 유독 관청에서 시행되지 않을 리가 있겠는가? 우리 목사의 정사만 유독 등 씨에게 뒤지겠는가? 우리 고을 백성들 또한 화합하고 편안하지 못하겠는가? 나는 한퇴지나 범중엄의 필력이 없어서 성대한 일을 드날리고 큰 명성을 영원히 전해줄 수 없다. 목사 신 씨의 본관은 서원이고 이름은 점이며, 자는 성여이다. 판관 김원룡과 힘을 합해 이루었다.

이렇게 촉석루의 내력과 보수 내용, 그리고 중수의 의미까지 서술한 다음, 60구에 이르는 장편의 사언시로 내용을 정리하고 칭송하였다. 이 기문에서 김중광이 진주성을 처음 쌓고 촉석루를 지었다고 하였는데, 김중광은 1380년경에 진주 목사를 지내면서 토성이었던 진주성을 석성으로 쌓은 사람이기는 하지만, 이때 촉석루를 처음으로 지은 것은 아닌 것으로 밝혀졌다.

정식의 촉석루중수기 - 1724년

하륜의 「촉석루기」와 하수일의 「촉석루중수기」를 보고 뒤돌아서면 명암(明庵) 정식(鄭栻 1683~1746)의 「촉석루중수기」가 영남제일형승 현판 앞에 걸려 있다. 정식은 진주 비봉산 아래 옥봉촌에서 태어난 진주 토박이이다. 19세에 향시에 응시했다가 과거 시험이 사람의 마음을 무너 뜨린다고 생각하여 다시는 과거를 보지 않고 지냈으며, 지리산 무이동 (武夷洞)으로 들어가 무이정사를 짓고 살다가 별세하였다. 그는 1725년 에 「촉석루중수기」를 지었는데, 촉석루에 오르는 사람이 지녀야 할 마음가짐에 관해 이야기하고 있다.

영남은 산수가 아름다운 고장인데, 촉석루가 그 중에서도 으뜸이니, 촉석루가 동남쪽의 명성을 독차지하는 것이 마땅하다. 절벽이 깎아지른 듯하고 언덕의 대나무가 산뜻한데, 물줄기는 가운데가 둘로 나뉘고 기이한 암벽이 층층이 포개져 있다. 이곳이 소동파가 적벽부를 지은 적벽이나 이백이 봉황대에 올라 노래한 백로주, 또는 상강(湘江)이나 채석기(采石磯)의 경치와 비교하면 어디가 더 나을지는 모르겠지만, 촉석루 위에서 삼장사가 몸을 돌보지 않고 순국한 충성이나, 바위 위에서 논개가 적을 죽이고 의를 지키다 죽은 절개는 악양루나 황학루에서 들어보지 못한 것이다. 늠름하게 빼어난 기상을 생각하면 천년이 지난 후에도 머리털이 곤두설 것이다.

날아갈 듯한 용마루와 채색한 마룻대, 아로새긴 난간과 수놓은 듯한 문은 사신이나 벼슬아치들이 올라와 돌아갈 줄 모르고 놀게 하기 위해서만 있는 게 아니고, 맑은 물결과 작은 배, 달빛 비치는 작은 섬과 내낀 물가는 시인이나 삿갓 쓴 늙은이가 노닐면서 시를 읊게 하기 위해서만이 아니다. 천연적으로 마련된 요해처가 이렇게 웅장하니 참으로 산하가 험한 것을 보배로 여기는 경우라고 할 수 있다. 성을 쌓아 진영을 만들고 장수가 거처하면서, 막료의 여러 사람들과 더러는 여기에서 술잔을 기울이고 노래를 하기도 하고, 더러는 군사 훈련을 하고 덕행을 관찰하니, 남쪽 변두리에 꽉 막혀있는 곳을 경치가 좋고 수석이 아름다운 것으로 논할 수 없다고 여기는 것이다.

　아깝도다. 임진년 병화에 다행히 흉적의 불에 완전히 사라지는 환난은 면하였지만, 중수한 지가 오래 되니 기둥과 들보가 기울어지고 단청도 때가 묻고 벗겨졌다. 웅장했던 규모가 다시는 옛 모습을 찾을 수 없게 되니 고을 사람들이나 지나가는 나그네가 개탄을 하고 마음 아파한 지 벌써 백 년도 넘었다. 그러나 일은 큰데 재원이 없어 보수를 할 길이 없었다. 갑진년(1724) 정월에 병조 판서 이태망(李台望)이 남쪽의 절도사가 되니, 바다에서도 왜적이 쳐들어오지 않아 병영에 아무 일이 없었다. 다만 쓰러진 것들을 수리하고 일으켜 세우는 것만 임무로 삼았는데, 이 누각이 무너지고 망가진 것을 깊이 안타깝게 여겨 우후(虞侯) 박황(朴璜)이 자금과 인력을 모으고 일을 함께 하면서 지혜를 내었다. 썩고 부러진 마룻대와 기둥, 판자와 난간을 모두 새것으로 바꾸고, 흐릿해져서 선명하지 않은 단청을 새로 칠했다. 그러자 경치가 더욱 살아나고 풍월이 더욱 고왔다. 춤추는 교룡과 노니는 고래도 필시 강산의 경

矗石樓重修記

축석루중수기-정식

치를 기뻐할 것이다. 들판의 노인이나 거리의 아이들이 누군들 상국의
위대한 공적을 칭송하지 않겠는가?

　　그러나 봉황대의 형승이 아름답기는 하지만 이태백의 읊조림은 시인
의 한가한 소리에 지나지 않고, 적벽의 풍광이 즐겁기는 하지만 소동파
의 놀이는 딴 세상 이야기에 지나지 않으니, 어찌 국정을 꾀하는 데 조
금이라도 도움이 있겠는가? 차후에 이 누에 오르는 사람은 이태백이나
소동파의 흥으로 만족하기를 본받으려 하지 말고, 반드시 범중엄이 천
하가 근심하기 전에 앞서서 근심하고 천하가 즐거워한 후 나중에 즐거
워하는 것을 본받는다면 누각이 영원히 썩어 없어지지 않을 것이고 나
라가 소중하게 될 것이다.

악양루나 황학루가 중국의 유명한 누각이지만 거기에는 축석루와
같은 충절의 역사가 스며있지 않다. 누각에 올라 경치만 읊조리는 것
은 별 의미가 없고, 나라를 걱정하고 백성을 사랑하는 마음과 연결이

되어야 비로소 가치가 있다는 말이다. 봉황대를 노래한 이백의「등금릉봉황대(登金陵鳳凰臺)」시나 적벽 달밤의 뱃놀이를 노래한 소식의「적벽부(赤壁賦)」는 아름다운 작품이기는 하지만 국정에 도움 되는 것은 아니다. 모름지기 악양루에 올라 천하 사람들을 염려하던 범중엄의 마음을 본받아야 한다는 것이다.

그런데 이 글에는 촉석루 연혁과 관련된 중요한 정보가 실려 있다. 즉, 촉석루가 "임진년 병화에 다행히 흉적의 불에 완전히 사라지는 환난은 면하였다."는 대목이다. 이 부분에 대해서는 앞에서 촉석루 창건과 중건을 다룰 때 이미 살펴보았다.

성환혁의 촉석루중건기 - 1960년

촉석루의 가장 동쪽 대들보에는 우정(于亭) 성환혁(成煥赫 1908~1966)이 지은「촉석루중건기」가 걸려 있다. 한국 전쟁 때 불탄 촉석루를 1960년에 중건했을 때 지은 것이다. 성환혁은 진양군 수곡면 출신으로, 같은 고을의 학자 회봉(晦峯) 하겸진(河謙鎭)의 제자이다. 내용은 촉석루의 지리적 환경과 간단한 연혁, 중건의 경위와 의미 등에 대한 것이다. 대들보를 설악산에서 가져오고, 주춧돌은 창원의 명곡산에서 가져왔다

촉석루중건기-성환혁

는 것을 이 기문을 통해 확인할 수 있다. 이 기문은 한문과 번역문이 함께 쓰여 있어 누구나 쉽게 읽어볼 수 있다.

촉석루중삼장사

성환혁의 촉석루중건기를 보고 고개를 반대편으로 돌리면 아담한 현판 하나가 영남제일형승 현판과 등을 맞대고 있는 것이 눈에 들어온다. 작은 글씨가 높다랗게 걸려 있어 글씨를 알아보기 쉽지 않지만, 자세히 보면 그게 바로 이른바 '촉석루중삼장사' 시, 흔히 말하는 '삼장

촉석루중삼장사 시와 게판서

사 시'라는 것을 알 수 있다.

촉석루 위에 올라 있는 삼장사	矗石樓中三壯士
한 잔 술에 웃으며 장강 물을 가리키네.	一杯笑指長江水
장강의 강물은 도도히 흐르노니	長江之水流滔滔
물결이 다하지 않는 한 혼은 죽지 않으리.	波不渴兮魂不死

　이 시에 이어서 천파(天坡) 오숙(吳䎘 1592~1634)의 「촉석루게판서(矗石樓揭板序)」가 쓰여 있고, 왼쪽에는 암행어사 여동식(呂東植 1774~1829)의 차운시가 함께 적혀 있다. 촉석루시판을 내걸게 된 내력을 적은 「촉석루게판서」의 내용은 다음과 같다.

임신년(1632) 초파일 저녁에 합천 군수 유진(柳袗), 통판 조경숙(趙卿叔)과 함께 촉석루에서 술을 마시면서 진주의 옛일을 얘기하고 있었는데, 유공이 김학봉(金鶴峯)의 절구시를 외웠다. 학봉은 만력 계사년(1593)에 순찰사가 되어 이곳에 머물고 있으면서 적과 대치하고 있었다. 조종도(趙宗道) 이로(李魯) 등도 함께 있었는데, 그들도 모두 영남의 수재들이었다. 술을 마시는 사이에 시의 여운이 비장하여 무릎을 치면서 글자마다 눈물을 흘렸다. 통판 조 공이 그 시를 판에 새겨 내걸어 후세 의로운 선비들의 간담을 격동시키게 하였다.

이 내용은 『망우당전서』 부록에 실린 「사실척록(事實摭錄)」에 들어 있다. 그런데 여기에 덧붙여진 주석을 보면 이로의 『용사일기(龍蛇日記)』를 인용하여 이로가 당시에 진주에 있을 수 없었음을 논증하면서, 삼장사는 김성일과 조종도와 곽재우임이 분명하다고 말하고 있다.

이 삼장사 시는 작자가 누구인가에서부터, 이 시를 지을 당시 누가 함께 있었는가 하는 것에 대해 오랫동안 논란이 있어 왔다. 우선 작자가 학봉 김성일이라는 주장은 김성일과 조종도, 그리고 이로와 곽재우, 이 네 사람과 관계가 있는 사람들의 기록에 나타난다. 먼저 삼장사를 김성일, 조종도, 이로, 이렇게 세 사람이라고 보는 견해는 오숙의 「촉석루시현판(矗石樓詩懸板)」을 비롯하여. 성여신의 『부사집(浮查集)』 소재 「종유제현록(從遊諸賢錄)」, 한몽삼의 「대소헌행장(大笑軒行狀)」, 이재(李栽

1671~1727)의 「학봉연보(鶴峯年譜)」, 조선적(曺善迪 1697~1756)의 「송암이선생행장(松巖李先生行狀)」 등의 글에서 확인된다. 다만 이 기록들은 시의 작자에 대해 확실한 근거는 없지만 대체로 김성일로 인정하려 했던 것으로 보인다. 그러다가 1762년에 이로의 『용사일기』가 간행되자 그 책의 진위 여부와 함께 삼장사의 정체가 다시 논란의 대상이 되었다. 이에 대해 대산(大山) 이상정(李象靖 1711~1781)이 성여신의 기록을 옹호하고, 삼장사의 사당 건립을 주장하였으며, 뒤이어 삼장사비 건립이 추진되었다.

그러나 최현(崔晛 1563~1630)이 쓴 「학봉언행록(鶴峯言行錄)」에는 삼장사를 김성일, 조종도, 곽재우 세 사람이라고 하였고, 시의 작자를 김성일로 확정하였다. 하세응(河世應 1671~1727)은 삼장사의 사당을 세워 달라는 소를 올리면서 역시 이 세 사람을 언급하였다.

삼장사에 이로가 포함되어야 하는가, 아니면 곽재우가 포함되어야 하는가는 이후로도 줄곧 이견이 있어 왔다. 그런데 김성일은 2차 진주성 전투가 일어나기 전에 병으로 작고했기 때문에, 삼장사 시를 김성일이 지었다고 한다면 그 비장함이 선뜻 이해가 되지 않는 면도 있다. 또 조종도와 이로는 2차 진주성 전투가 끝난 후 4, 5년이 지난 후에 작고하였으며, 곽재우는 1617년에야 작고했으므로, 그들의 죽음은 2차 진주성 전투와 직접적인 연관은 없다고 하겠다.

한편, 삼장사를 전혀 다른 세 사람으로 보는 견해도 있다. 즉, 2차 진주성 전투에서 순국한 김천일, 최경회, 황진 세 사람이라는 설과, 김천일, 최경회, 고종후라는 설이 그것이다. 이 설을 주장하는 사람들은 촉석루시의 작자도 최경회라고 본다. 당사자인 최경회의 문집『건재선생문집(健齋先生文集)』의 「척록(摭錄)」에는 "성이 함락된 날 절도사 최경회가 창의사 김천일과 함께 촉석루 위에 올랐는데, 최 공이 술잔을 잡고 죽음을 맹서하는 시구를 지었다."라고 하고는 위 삼장사 시를 그대로 실어 두었다. 이것은 황진의 손자 황위가 편찬한 『무민공실기(武愍公實記)』를 인용한 것인데, 어떻든 최경회의 문집을 편찬하는 과정에서 이 내용은 그대로 수용된 것이다.

서유본은 「진주순난제신전」에서 최경회가 삼장사 시를 지을 때의 상황을 다음과 같이 구체적으로 묘사하였다.

　　김천일과 최경회, 고종후와 김상건이 함께 촉석루에 올라 적에게 활을 쏘았다. 좌우에서는 모두 달아나느라 경황이 없는데, 오직 양산숙 등이 곁에서 눈물을 흘리면서 물었다.
　　"장군은 어떻게 대처하시렵니까?"
　　김천일이
　　"의병을 일으킨 날 나는 이미 내 목숨을 버렸소."
　　라고 하였다. 어떤 이가 최경회에게
　　"날랜 정예병을 데리고 포위를 뚫고 나가 훗날을 도모하시지요."

라고 하자, 최경회가 소리 질러 말하기를

"내가 나라의 은혜를 입고 한 지방의 일을 맡았으니, 성이 함락되면 맡은 일을 하다가 죽을 뿐이다. 많은 말을 하지 말라."

라고 하고, 이내 다음과 같이 시를 한 수 읊었다.

(중략)

어떤 무사가 평소 고종후와 사이가 좋았는데, 눈물을 흘리며 말하기를

"공은 늙은 어머니가 있으니, 나와 함께 헤엄을 쳐서 피합시다."

라고 하였다. 고종후가 눈물을 흘리며

"내가 금산 전투에서 죽지 않고 진주에서 죽으니, 죽음이 또한 늦은 것이오. 이제 와서 구차히 삶을 구하겠소?"

라고 하였다. 그리하여 여러 사람들이 함께 북쪽을 향하여 두 번 절하고 말하기를

"신 등은 힘이 다하여 삼가 한 번 죽음으로써 나라에 보답하겠습니다."

라하고 함께 강에 뛰어들어 죽었다.

여기에서 거명된 사람들은 모두 호남 사람이지만 오랜 기간 진주 사람들에게 인정을 받아 왔다. 근래에 와서는 김성일을 위시한 세 사람을 영남 삼장사라고 하고, 최경회를 위시한 세 사람을 호남 삼장사라고 일컫기도 한다.

다산 정약용도 『목민심서』에서 삼장사 시를 김천일, 최경회, 황진 등이 죽음을 앞두고 지은 것이라고 하였다. 또 『승정원일기』에도 영조 때 지중추부사 원경하(元景夏)가 "임진왜란 때 순절은 진주와 남원에서 많

앗는데, 진주의 삼장사는 모두 호남 사람이고, 남원의 칠충신(七忠臣) 또한 호남 사람이 대다수"라고 말한 기록이 있다. 그 밖에도 많은 기록에서 김천일, 최경회, 황진 세 사람을 진주성 전투의 삼장사라고 말하고 있거나, 그것을 전제로 말하고 있는 것을 볼 수 있다.

이와 같은 많은 논란을 잠재우기 위해서 1959년에 영남 사림(士林)들로 구성된 '삼장사추모계'에서 촉석루중삼장사기실비(矗石樓中三壯士記實碑) 건립을 추진하였다. 이들은 삼장사 시의 작자는 김성일이며, 삼장사는 김성일·조종도·이로, 이렇게 세 사람이라고 확정하고, 1960년에 중재(重齋) 김황(金榥 1896~1978)에게 의뢰하여 촉석루중삼장사기실비의 비문을 짓고, 최재호(崔載浩 1917~1988)가 의역을 하여 촉석문과 촉석루 사이 중간에 비석을 세웠다.

그러나 이렇게 기실비를 세운 이후에도 삼장사에 관한 논란은 사그라들지 않았으며, 그에 대한 연구 논문도 여러 편이 발표되었다. 영남 삼장사설을 주장한 것으로는 1977년 김인환의 「용사일기논고-송암 이로 기록의 문제점 변증」이 가장 앞선 것인데, 여기에서는 『용사일기』의 신뢰성을 문제 삼아 이로가 삼장사에 포함된다는 설을 비판하였다. 이어서 1981년에 발표된 김시박의 「촉석루중삼장사시 고증」은 삼장사에는 이로가 포함되어야 한다고 보았다. 그 후 1984년 이재호의 「역사기록의 허실에 대한 검토」, 2013년 김해영의 「촉석루중삼장사' 시의 사적에 관하여」에서도 이로를 포함하는 주장에 힘을 보탰다. 호남삼장사설을 주장한 것으로는 1982년에 발표된 박성식의 「계사 진주성 전투 삼장사고」, 1992년 최재양의 「진주성 삼장사논쟁 종식에 관한 소고」, 2015년 김덕진의 「임진왜란과 진주 삼장사」 등이 있다. 여기에서 양쪽 주장의 논거를 모두 살펴볼 수는 없으나, 어느 한쪽도 그럴싸하지 않은 것이 없고, 그러면서도 어느 한쪽도 완벽한 증거를 내놓지는 못하고 있다. 아마도 이 논쟁은 앞으로도 쉽게 명쾌한 결론을 내기 어려울 것으로 보인다.

삼장사 시 차운시

정약용은 『목민심서』 「병전(兵典)」에서 "높은 충절로 사졸을 격려하여 작은 공이나마 세우면 이것이 으뜸이요, 형세가 궁하고 힘이 다하여 죽음으로 끝을 맺어 삼강오륜의 도의를 세우는 것 역시 분수를 다하는 일이다."라는 제하에, 김천일·최경회·황진 등이 죽음에 이르러 다음과 같이 시를 지었다고 하면서 삼장사 시를 소개하고 있다. 그러나 삼장사 시가 인구에 회자되었던 것을 생각하면 거기에 차운한 시는 의외로 별로 없다.

삼장사 시에 차운한 것으로는 백불암(百弗菴) 최흥원(崔興遠 1705~1786)의 시가 주목된다. 최흥원은 36세인 1740년에 진주를 유람하였는데, 유독 약 150년 전에 순국한 삼장사 생각에 말을 잇지 못한다.

내 비록 못났지만 그래도 지사로서	我縱龍鍾猶志士
촉석루에 올라와 맑은 물 바라보네.	來登矗石臨淸水
누각 볼만한 것이야 말해서 무엇하리	江樓勝賞何須論
죽음을 맹세하던 삼장사만 생각나네.	只憶三賢共誓死

제목이 「등촉석루차삼장사운(登矗石樓次三壯士韻)」이니, 바로 그 삼장사 시의 운자인 사(士), 수(水), 사(死) 자를 그대로 사용해서 지은 것이다. 그가 젊은 시절에 촉석루에 올라 삼장사를 추억한 작품이라 더욱 소중하다.

삼장사를 노래한 것으로는 정약용의 장인 홍화보(洪和輔 1726~1791)의 작품을 빼놓을 수 없다. 홍화보는 1779년에 경상우병사가 되어 진주에 있었는데, 1780년에 사위인 정약용이 찾아뵙자 반가워 촉석루에서 잔치를 벌인 일이 있다. 정약용은 장인의 명을 받아 「촉석루연유시서(矗石樓讌游詩序)」를 지어 그날의 상황을 자세히 기록하였다.

술이 두어 순배 돌자, 공이 장검을 어루만지고 구리 항아리를 치면서 시름겨운 표정으로 하늘을 쳐다보며 탄식하였다.

"옛날 삼장사가 이 누에 올라서 술을 마시고 남강에 몸을 던져 죽으면서도 후회하지 않았다. 이때에 여러 진영에서는 군사를 가지고서 구원하지 않았고, 조정에서는 사사로운 감정으로 허물을 꾸짖으니, 외적이 제거되기 전에 내란이 먼저 일어나고, 마침내 충신 의사가 함께 나란히 물에 빠져 죽게 만들었다. 나는 이 생각을 할 때마다 피눈물이 나고 가슴이 아프다."

그러고는 눈물을 흘리며 슬퍼하니 좌우에 있는 사람이 모두 감정이 격해지고 모발이 쭈뼛하여졌다.

이윽고 옥천(玉泉)에서 나는 좋은 종이를 가져다가 붓을 휘둘러 칠언시 2수를 써서 장인(匠人)에게 명하여 새겨서 걸게 하고, 나에게 그 일을 서술하게 했다. 나는 감히 사양하지 못하고 이와 같이 기록한다.

이 때 홍화보가 지은 시 중의 하나는 다음과 같다.

옛날 진주성의 삼장사를 생각하노라니	憶昔汾城三壯士
지금도 물결이 사나운 남강 물	至今波怒南江水
남아가 죽지 않고 무궁할 수 있는가?	男兒不死可無窮
죽을 땐 그대처럼 제대로 죽으리라.	死則如君方得死

그러니까 홍화보는 삼장사가 죽을 수밖에 없었던 상황에 대하여 매우 안타까워하고 있었으며, 그 원인을 제공한 다른 진영의 장수와 조정에 대해 불만을 갖고 있었다. 김기찬(金驥燦 1748~1812)이 1786년에 쓴 「남정록(南征錄)」을 보면 이 시가 실제로 촉석루에 걸려 있었던 것을 확

인할 수 있다.

조선 말기의 성리학자 한주(寒洲) 이진상(李震相 1818~1886)도 촉석루에 올라 삼장사의 고사에 느끼는 바가 있어, 현판에 적힌 시에 차운한 시 두 수를 남겼다. 제목은 「감삼장사고사 차판상운(感三壯士故事 次板上韻)」 인데, 두 번째 작품만 보기로 한다.

맑은 물에 나아가 장사에게 술 따르려 하니	欲酌淸流酹壯士
장사의 영혼이 물 위에 넘실거리네.	壯士之靈洋乎水
풀숲에서 살겠다고 성을 버린 자들이	草間求活棄城者
귀가 있어 시를 들었으면 기가 곧 죽었겠지.	有耳聞詩氣便死

삼장사 시에 차운한 것으로 송사(松沙) 기우만(奇宇萬 1846~1916)의 시 도 심금을 울린다. 기우만은 19세기 호남 유학의 마지막 거장이라 불 리는 노사 기정진(奇正鎭 1798~1879)의 손자이다. 1895년에 명성황후가 시해되고 이어 단발령이 내려지자, 국모를 시해한 원수에게 복수하고 단발령을 거두어 달라는 상소를 올렸다. 그리고 이듬해 의병을 모집하 고 호남대의소장(湖南大義所將)이 되었다. 그러나 조정에서 선유사가 내 려와 의병의 해산을 명하자 통곡하고 해산하였다. 또 1905년에는 을 사늑약이 체결되었다는 소식을 듣고 상소를 올려 이른바 '오적(五賊)'을 처단하기를 청하였다.

삼백 년 지난 뒤 삼장사 생각나	三百年來今壯士
바람 쐬며 남강 물에 눈물 뿌리네.	臨風寄淚長江水
장강은 흘러 흘러 다할 날 없으리니	長江去去無窮期
묻노라 충혼은 죽었는가 살았는가?	爲問忠魂死不死

제목은 「촉석루유감(矗石樓有感)」이다. 삼장사가 유명을 달리한 지도 삼백 년이 지났건만, 그 생각이 나면 눈물을 감출 수 없다. 장강의 물이 마르지 않는다면 혼도 죽지 않으리라며 결기를 보였던 삼장사의 시를 떠올려 본다. 그리고 여전히 유장하게 흘러가는 강물을 보면서 삼장사의 충혼이 영원하기를 기원한다.

촉석루에서의 모임 - 진양수계서

마지막으로 정을보의 시판 오른쪽에 걸려 있는 「진양수계서(晉陽修契序)」 현판으로 눈을 돌린다. 「진양수계서」는 탁영(濯纓) 김일손(金馹孫 1464~1498)이 지은 것으로, 친선을 도모하고 서로에게 인격도야에 도움이 되도록 하자는 취지에서 뜻이 맞는 사람들이 계회를 만들었음을 기록해 둔 글이다.

진양수계서-김일손

촉석루에서 이런 계회가 얼마나 있었는지는 정확히 알 수 없다. 그러나 진양수계보다 조금 앞서서 청파(靑坡) 이륙(李陸 1438~1498)의 「속난정회서(續蘭亭會序)」에서 그런 모임의 한 모습을 볼 수 있다. 이륙은 서울 출생으로, 25세가 되던 1462년에 지리산 유람을 떠났는데, 이때 단속사 등지에서 3년 동안 수학하였다. 당시에 함께 과거에 급제한 친구도 진주에 있어 6, 7명이 촉석루에 모였다. 풍악을 울리고 술잔이 오가는데 이륙이 말했다. "무림수죽이 적막해지고 동산이 황폐해지는데, 맑은 이름을 지니고 의를 좋아하는 선비가 느끼는 바가 없을 수 없습니다. 그러니 여러분과 함께 퇴폐해가는 풍속을 일으키고 전인들의 발자취를 따르고자 하는데 어떻게 생각합니까?" 그러자 모두 좋다고 하였다. 그래서 모임을 만들고 각자 시를 짓고는 그 아래 이름을 써서 한 통의 권축을 만들었다. 그리고 중국 동진 때의 명필 왕희지의 난정(蘭

亭) 고사를 본받아 '속난정(續蘭亭)'이라고 이름을 붙였다.

　이륙은 「속난정회서」에서 벗의 중요성을 설파하고, 세상이 쇠퇴하고 도가 미약해져 인심이 박해지니, 서로 경계하고 권면하는 풍속이 거의 없어져 버렸고, 부귀한 사람이나 빈천한 사람이나 간에 의리를 등지고 이익을 추종하는 것은 일일이 열거할 수도 없다고 하였다. 그래서 '글을 통해서 벗을 모으고, 벗으로부터 인의 실천에 도움을 받는다[以文會友 以友輔仁]'는 『논어』 구절을 인용하면서 글을 끝맺었다. 그러한 정신이 이어진 것이 바로 진양수계라고 할 수 있다.

　「진양수계서」에서 김일손도 중국 왕희지의 「난정서(蘭亭序)」로 유명한 난정계와 송나라 문언박이 낙양유수로 있을 때 결성한 기영회(耆英會)를 언급하였다. 운치가 있기로는 난정의 모임만 못하고, 구성원들의 덕업이나 문망은 기영회에 부끄럽지만, 조야에 일이 없을 때 경치 좋은 곳에서 고상한 놀음을 갖는 것은 마찬가지라고 하였다. 진양수계는 당시 진주 목사 경임이 주관하였으며, 계원은 31명이었다. 그 계원 중에는 높기로는 목사나 전현직 군수에서부터 낮은 이는 현감이나 찰방, 또는 전에 향교의 교수를 지낸 사람도 있어, 계급과 노소를 가리지 않았으니, 그것이 또 하나의 선례가 될 수 있다고 하였다. 현판의 왼쪽에 쓰여 있는 것이 바로 이 모임에 참여한 사람들의 명단이다. 위쪽에는 품계와 관직명을 쓰고, 다음에 이름을 쓰고, 아래쪽에는 자(字)와 본관을 써 두었다. 그리고 마지막 줄에는 이 글을 쓴 시기가 1489년 2월이었음을 밝혀 두었다. 한국 전쟁 때 촉석루가 소실되기 이전에는 1886년에 김일손의 후손 김진호(金振鎬) 등이 제작하여 걸어둔 것이 있었는데, 거기에 쓴 발문에 의하면 현판이 없어진 지 오래되었으며, 계원의 자와 본관도 본래 빠진 것이 많아 그대로 비워두었다고 하였다. 지금은 계원의 자와 본관이 모두 적혀 있는데, 아마도 현재의 현판을 만들면서 확인하여 보충한 것으로 보인다.

기둥마다 걸린 시구 - 주련

촉석루 내부 구경을 마치고 다시 계단을 내려가 동쪽으로 촉석루를 반 바퀴 돌아가면 촉석루 기둥에 걸려 있는 주련을 볼 수 있다. 주련이란 건물의 벽이나 기둥에 세로로 써 붙이는 글귀를 가리킨다. 연구(聯句)를 세로로 한 구절씩 써서 벽에 나란히 걸거나, 기둥에 한시 한 구절씩을 차례로 걸게 된다. 기둥마다 시구를 잇달아 걸었다고 해서 주련(柱聯)이라고 한다. 촉석루의 주련은 강물 쪽에서 촉석루를 바라보고 가장 오른쪽부터 왼쪽으로 읽어 나가면 된다. 첫 구는 오른쪽 첫 기둥의 동쪽 면에, 마지막 구는 왼쪽 끝 기둥의 서쪽 면에 걸려 있다.

주련과 현판

진양성 밖 강물은 동쪽으로 흐르는데	晉陽城外水東流
빽빽한 대 향기로운 난 푸르게 비치네.	叢竹芳蘭綠映洲
임금 은혜 보답키론 천지 사이 삼장사요	天地報君三壯士
나그네 붙잡는 건 강산의 한 누각이라.	江山留客一高樓
병풍에 해 비치니 잠긴 교룡 춤을 추고	歌屛日照潛蛟舞
군막에 서리 치니 자던 백로 시름하네.	劍幕霜侵宿鷺愁
남쪽 하늘 바라보니 전쟁 기운 뵈지 않고	南望斗邊無戰氣
장대의 풍악 소리 봄놀이에 어울리네.	將壇笳鼓半春遊

제목은 「제촉석루(題矗石樓)」이다. 작자는 조선 후기의 문신 청천(靑泉) 신유한(申維翰 1681~1752)인데, 밀양 출신으로 과거에 급제하여 봉상시 첨

기둥마다 걸린 시구

정과 연천, 부안, 연일 등의 현감을 지냈다. 말년에는 고령으로 돌아가 저술 활동에 종사하였다.

이 시를 보면 당시 강 건너 언덕배기에 대밭이 있어 강물에 어른거렸던 것으로 보인다. 그러니까 지금 남강 가 언덕에 심어 놓은 대나무는 그 내력이 무척 오래된 것임을 알 수 있다. 일설에 의하면 진주의 진산이 '날아가는 봉황새'라는 뜻의 비봉산(飛鳳山)인데, 봉황새는 오동나무가 아니면 깃들지 않고, 대나무 열매가 아니면 먹지 않는다고 전해지기 때문에, 봉황이 먹을 수 있도록 대나무를 심는 것이라고 한다. 기실 대나무는 해마다 꽃을 피우지는 않는데, 어느 해가 꽃이 피면 그 대나무는 모두 죽고 만다. 대나무 꽃이 피면 벌들이 모여들기도 하지만, 모두 죽어 버리니 열매는 있을 수가 없다. 봉황이 상상 속의 새이니, 그 먹이도 상상 속에서나 가능한 것이겠지만, 그것을 위해 대밭을 가꾸는 마음은 가상하다 할 것이다.

이 시를 지을 때는 임진왜란이 끝나고 백 년이 더 지난 시점인데, 아직도 전쟁의 기억은 고스란히 남아 있다. 특히 삼장사에 대한 흠모와 존경의 마음은 촉석루에 오른 사람들은 누구나 품었음직하다. 하지만 당시 타버린 누각을 중창하였듯이 촉석루를 보는 사람의 감상도 다시 조립되고 있다. 이제 남쪽에 전쟁의 기운이 없으니, 전투를 지휘하던 장대에서 풍악 소리가 들려오는 것을 즐기고 있는 것이다.

촉석루 남쪽 현판-정현복

　주련을 보고 고개를 더 높이 쳐들면 남강 쪽에서 보는 촉석루 편액
이 우리를 굽어보고 있다. 진주를 중심으로 활동한 서예가 유당(惟堂)
정현복(鄭鉉輻 1909~1973)의 작품이다. 원래는 이승만 전 대통령이 쓴 현
판이 있었는데 민주당이 집권하면서 철거되었다. 정현복은 이 작품 하
나를 건지기 위해 500장을 썼다는 얘기가 전해진다.

이른 시기의 시편들

　촉석루를 두고 지은 시는 그 수가 얼마나 되는지 파악하기조차 어렵다. 한시만 해도 수백 편이 전해지고 있고, 오늘날까지도 한시 백일장 등의 기회에 촉석루 관련 한시 창작은 계속되고 있다. 이제부터는 촉석루에 걸리지는 않았지만, 우리가 주목해야 할 작품들을 찾아보기로 한다.

촉석루를 창건한 것으로 알려진 김지대의 「기상주목백최학사자(寄尙州牧伯崔學士滋)」는 촉석루를 두고 지은 것은 아니지만 눈여겨보아야 할 작품이다.

작년에 강가 누각에서 나를 전송하더니	去歲江樓餞我行
금년엔 그대 또한 목사 되어 왔구려.	今年公亦到黃堂
서기가 됐을 때도 옥처럼 고운 얼굴	曾爲管記顔如玉
다시 목사 됐는데도 귀밑털 희지 않았네.	復作遨頭鬢未霜
상주의 산수가 신선 세계라 하지만	洛邑溪山雖洞府
진양의 풍월 또한 신선의 고을이라네.	晉陽風月亦仙鄕
두 고을 오가는 길 거리가 얼마인가	兩州歸路間何許
애타는 이별의 회포로 상심한 지 오랠세.	一寸離懷久已傷
거문고와 서책 안고 옛 벗을 찾으려는데	欲把琴書尋舊要
하물며 주렴에 서늘한 기운 생김에랴.	況看簾幞報新涼
중추절 약속을 저버린 그대여	嗟公虛負中秋約
중양절엔 국화주 마시기로 다시 약속하세.	更約重陽飮菊香

130 — 131

학사 최자(崔滋)가 상주 목사로 갔을 때 부친 시니까, 이 시가 지어진 시기는 최자가 상주 목사로 나간 1242년이 된다. 그리고 김지대는 그 전해에 진주 목사로 부임했다고 하였으니 1241년에 부임한 것이다. 김지대가 진주 목사로 있으면서 촉석루를 창건했다고 보면 촉석루는 1241년 즈음에 창건되었다고 할 수 있는 것이다. 촉석루 창건 시기를 추정할 수 있게 해 준 작품으로 중요한 의의가 있지만, 김지대와 최자 두 사람의 아름다운 우정도 담겨 있는 훌륭한 작품이다. 촉석루 담장 안쪽의 북쪽 뜨락에 이 시를 소개해 둔 철제 안내판이 세워져 있다.

　　촉석루를 두고 지은 시 가운데 가장 이른 작품은 아마도 근재(謹齋) 안축(安軸, 1282~1348)의 「백문보안부상요(白文寶按部上謠)」에 나오는 「진양 촉석루(晉陽 矗石樓)」일 가능성이 크다. 「백문보안부상요」의 서문에는 다음과 같은 내용이 담겨 있다.

　　근래에 기거주 이인복(李仁復) 공이 중국의 과거에 급제하고 돌아온 이래로 사대부들이 시를 지어 전송할 때 각각 우리나라의 훌륭한 사적으로 제목을 삼았는데, 말뜻이 참신하였으니 참으로 훌륭한 작품이었다. 우리들이 삼가 그 체제를 본떠 각자 경상도 지역의 팔경(八景)을 노래하고 짧은 인(引)을 덧붙여서 엎드려 안렴사께 올린다.

　　그러니까 여기에 실린 8수의 시는 안축이 직접 지은 것이 아니고 여

럿이서 지어 안렴사 백문보에게 올린 것이다. 구체적으로 누가 어떤 시를 지었는지는 알 수 없고, 안축이 지은 것이 들어 있는지조차도 확실하게는 알 수 없다.

여기에 실려 있는 8수의 시 가운데 마지막 작품인 「진양 촉석루」는 다음과 같다.

진양의 강물은 심양과 비슷하여	晉陽江水似潯陽
금벽 바른 높은 다락 물에 비쳐 밝구나.	金碧樓高映水明
갈바람에 나그네 보내는 날 멀지 않았으니	送客秋風知有日
배에 기대 모름지기 「비파행」 읊조리리.	倚舟須賦琵琶行

당나라 시인 백거이가 심양강에서 가을밤에 손님을 전송하고 있을 때, 어디선가 비파 뜯는 소리가 들려 그 소리를 따라가서 연주하던 여자의 사연을 듣게 된 이야기를 적은 것이 바로 「비파행」이라는 장편 시이다. 이 시에서는 남강을 심양강에 견주어, 누군가 가을에 손님을 떠나보내게 되면 촉석루 아래에서 배를 타고 「비파행」을 읊조리게 될 것이라고 노래하였다.

이렇게 지어진 8수의 시를 수록한 후에 다음과 같은 말을 덧붙였다.

여러 유생이 안렴사에게 바치는 노래 한 축을 나에게 보여 주었는데 그 새로운 뜻을 좋아하여 세 번이나 음미하며 읽었다. 그런데 우리 고장 순흥(順興)에 있는 영귀산(靈龜山)과 숙수루(宿水樓)는 그 풍치가 여덟 곳의 풍경보다 못하지 않은데도 빠뜨리고 노래하지 않았다. 나는 매우 괴이하게 생각하여 사위 정생(鄭生)에게 절구 한 수를 짓도록 하여 권말에 써서 우리 고장 산수의 치욕을 씻게 하였다.

여기에 이르면 「진양 촉석루」 시를 지은 것은 안축은 아니었을 가능성이 농후하다는 생각이 든다. 하지만 누가 지었든 그 서정적인 표현은 경상도 팔경을 노래한 시 가운데 한 자리를 차지하는 데 조금도 부족함이 없다고 할 것이다.

촉석루를 두고 지은 시 가운데 시기가 빠르면서 작자가 확실한 것으로는 가정(稼亭) 이곡(李穀 1298~1351)의 작품 「송우좨주출수진주(送禹祭酒

出守晉州)」를 꼽아야 할 것이다.

진주 고을 풍류는 영남에서 으뜸인데	晉邑風流冠嶺南
장원루 아래엔 쪽빛처럼 푸른 물.	狀元樓下水如藍
지방관이 된 것도 오히려 부러운데	一麾出守猶堪羨
안찰사로 지금은 치암이 있음에랴.	按部如今有恥菴

진주의 수령으로 나가는 성균 좨주 우탁(禹倬 1262~1342)을 전송하면서 지은 시이다. 장원루는 촉석루의 다른 이름이고, 치암은 박충좌(朴忠佐 1287~1349)의 호이다. 이 시에서 장원루 아래 물빛이 쪽빛처럼 푸르다고 말하는 것으로 보아 아마도 이곡이 촉석루를 한 번 다녀간 적이 있었던 것 같다. 그 아름다운 고장에 수령으로 가는 것도 좋은 일인데, 과거에 제자였던 박충좌가 안찰사로 있으니 더욱 좋을 것이라고 하면서 부러움을 잔뜩 담아내고 있다.

직접 촉석루에 올라서 지은 시 중에 오래 된 것은 아마도 앞에서 본 정을보의 칠언 고시일 것으로 보인다. 정을보의 시가 알려진 이후 많은 사람이 그 시를 두고 차운시를 지었다. 정을보와 동시대 사람의 작품으로는 담암 백문보의 「차촉석루운(次矗石樓韻)」과 백미견(白彌堅)의 「진주 촉석루 차정면재운(晉州矗石樓 次鄭勉齋韻)」 같은 것을 꼽을 수 있다. 그 이후에도 김구경(金久冏), 김종직(金宗直), 조숙(曺淑), 유호인(兪好

ㄷ) 같은 이들이 같은 운자를 사용하여 촉석루를 노래하였다. 그 가운데 백문보의 시를 살펴보기로 한다.

올라 보니 예전에 놀던 때 생각나서	登臨偏憶舊遊時
강산에 답하느라 애써 다시 시를 짓네.	强答江山更覓詩
난세를 끝낼 인재 나라에 없을까만	國豈無賢戡世亂
나는 술에 부대끼며 노쇠함을 느끼네.	酒能撩我感年衰
경치 맑아 세속 자취 끊어 버리기 쉽고	境淸易使塵蹤絶
자리 넓어 춤추는 손 거칠 것이 없어라.	席闊何妨舞手垂
붓을 들어 멋대로 봄풀을 노래하고	點筆謾成春草句
술잔을 멈추고 죽지사를 부르네.	停杯且唱竹枝詞
기녀들 다가앉아 즐거움 진진하니	妓從坐促爲歡密
사람들은 시간이 더디 가길 바라네.	人與時偕欲去遲
이곳의 고상한 회포 진정 속세 아니니	此地高懷眞不世
적성이나 현포도 기이할 것 없다네.	赤城玄圃未全奇

　백문보는 고려 충숙왕 때 문과에 급제하였고, 공민왕 때 많은 활동을 하였다. 우왕이 대군이 되었을 때는 그의 사부가 되었고, 벼슬은 정당문학에 이르렀다. 이 시를 보면 백문보는 이전에도 촉석루에 오른 적이 있고, 당시에도 시를 지으며 즐겼다는 것을 알 수 있다. 그리고 이제

나이가 들어 술을 마시고 늙어가는 자신의 모습으로 인하여 감회에 젖지만, 속세를 떠난 것 같은 경치 속에서 춤추는 기녀들의 모습을 보면서 술을 마시고 시를 지으며 즐거운 시간을 보내고 있음을 알 수 있다.

시인이 그려 낸 촉석루

좋은 경치를 만나면 시인 묵객은 너나없이 그 모습을 그려내려 한다. 사시사철 경관이 변하는 진주성과 촉석루의 경관은 화가나 시인의 창작욕을 자극할 만하다. 촉석루 화가로 알려진 효석 조영제(1912~1984)는 평생 촉석루만 그렸다고 한다. 오늘날에는 많은 사진작가가 촉석루의

촉석루 - 조영제 그림 (경남도립미술관 소장)

다양한 모습을 카메라에 담아낸다. 그림에만 시가 있는 것이 아니라 사진 속에도 시가 있다.

조선 시대로 들어와서는 촉석루가 등장하는 시로 먼저 사가(四佳) 서거정(徐居正 1420~1488)의 「송진주윤판관(送晉州尹判官)」이란 시가 눈에 뜨인다. 모두 세 수로 되어 있는데, 촉석루와 연관 지어 보면 그 가운데 세 번째 시가 가장 돋보이므로, 그 한 편만 보기로 한다.

지리산엔 청학이 살고 있다지?	智嶽有靑鶴
청강엔 백구가 많기도 해라.	菁江多白鷗
산하는 깨끗하고 뛰어난 경치	山河已淸絶
사람들도 풍류를 즐길 줄 아네.	人物亦風流

예전에 흥을 찾아 놀던 기억에	憶我昔探興
고을 맡아 떠나는 그댈 보내네.	送君今作州
언제나 한 통 술을 옆에 끼고서	何時一樽酒
나란히 촉석루에 올라 볼까나.	矗石共登樓

이 시는 촉석루에서 지은 것은 아니다. 진주로 떠나가는 윤 판관을 보내면서, 그대 가는 곳은 참으로 좋은 곳이고, 나도 언젠가는 그대와 함께 술 한 통을 지고 촉석루에 올랐으면 좋겠다고 하는 희망을 이야기한다. 부러움이 잔뜩 담긴 이 시는 억지로 깎고 다듬은 흔적이 없이 자연스럽게 써 내려가서 시의 대가다운 면모를 보이고 있다.

『청파극담(靑坡劇談)』으로 잘 알려진 이륙은 앞에서 보았듯이 1462년에 지리산을 유람하고 단속사에서 공부하였다. 이때 진주에도 들러 '속난정회'라는 모임을 만들었고, 20여 년이 지난 1484년에 경상도 관찰사를 역임하였다.

청천이라 촉석루는 예전 산하 그대론데	菁川矗石舊山河
남쪽 평원 바라보니 풀빛이 많노매라.	南望平原草色多
해질녘 물결 밝아 하늘과 물 맞닿는데	日落波明天接水
노을 저쪽 어부의 피리 소리 들린다.	時聞漁笛隔煙霞

제목은 「촉석루」이다. 첫 구에서 '예전 산하 그대론데'라고 한 것

으로 보아 처음 진주를 찾았을 때 지은 것이 아님을 알 수 있으므로,
1484년에 경상도 관찰사가 되었을 때 썼을 것으로 보인다. 이 시는 그
저 보이는 것을 그대로 말로 옮겨 놓았을 뿐이어서 아무런 설명이 필요
없다. 노을 지는 남강의 정경이 눈에 보이는 듯한 평화롭기 그지없는
시이다. 말 그대로 시 속에 그림이 있다고 할 만하다.

추강(秋江) 남효온(南孝溫 1454~1492)은 생육신 가운데 한 사람으로, 단
종의 복위를 꾀하다가 발각되어 처형되거나 자결한 사육신의 전기를
저술한 인물이다. 언제나 바른말을 하고 의론이 과격하여 당시에 금기
시하는 일을 거리낌 없이 하였다. 성종이 신하들에게 바른말을 널리
구하자 남효온은 25세의 나이로 소를 올렸는데, 거기에는 폐위된 단종

의 모친 소릉(昭陵)을 복위하라는 내용도 들어 있었다. 그로 인하여 훈구파의 미움을 받게 되었고, 그 자신은 소릉이 복위될 때까지는 과거를 보지 않겠다고 하여 평생 벼슬살이를 하지 않았다. 그 대신에 많은 사람과 교유하고 많은 곳을 유람하였다. 그가 진주에 온 것은 지리산을 유람하던 34세 즈음이었을 것으로 생각된다.

다락이 큰 강 수면 누르듯 서 있으니　　　　樓壓大江面

장관으로 치면 해동에 으뜸이라.　　　　　奇觀甲海東

물 한 바가지 떠 가지고 올라가 보니　　　　登臨一瓢水

싸늘하기 선승과 한가지로다.　　　　　　　冷與禪僧同

　제목은 「진주 촉석루」이다. 간결하면서도 스케일이 큰 표현도 압권이다. 사람들은 누각에 오르면 으레 술을 찾지만, 남효온은 물 한 바가지를 마신 모양이다. 그러자 뱃속으로 전해지는 싸늘함에 정신이 번쩍든다. 늘 깨어 있는 지식인으로서, 세상사에 영합하지 않고 유랑생활로 생애를 마친 사람다운 면모가 보인다.

　추재(秋齋) 조수삼(趙秀三 1762~1849)은 여항 시인으로 잘 알려진 중인이었다. 신분의 제한으로 82세에야 진사 시험에 합격하여 오위장이 되었으나, 그 전에 이미 중국을 여섯 차례나 오가면서 중국의 문사들과 사귀었고, 국내도 전국에 발이 닿지 않은 곳이 없을 정도로 많은 여행을하였다. 그야말로 자유로운 영혼이라고 할 만하다. 진주에는 64세 때

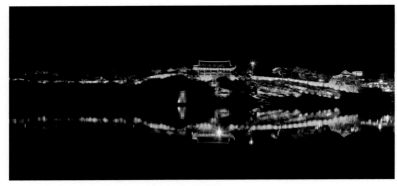

촉석루 야경

관찰사 조인영(趙寅永 1782~1850)의 기실참군(記室参軍)이 되어 경상도 일대를 두루 여행할 때 들렀을 것으로 추정된다. 그의 「촉석루」 시는 여느 작품과 달리 매우 서정적이다.

이름난 누각은 미녀와 같아	名樓如好女
사흘 묵었는데도 정이 남았네.	三宿尙餘情
밤 달은 강에서 솟아오르고	夜月江中出
가을 이내 대밭에서 피어오르네.	秋烟竹外生
좋은 시절 술 없이 지내다 보니	佳辰無酒過
나그네 홀로 읊조리며 거니네.	游子獨吟行
동쪽 울타리에 핀 국화는	應有東籬菊
쓸쓸히 먼 길 가는 사람을 비웃으리.	寥寥笑遠征

시인이 그려 낸 촉석루

누각을 곧장 미녀에 비유할 만큼 직설적이다. 술 없이 지내기 어렵다고 너스레를 떨지만, 실은 역마살이 든 사람처럼 떠돌아다니는 자신의 모습을 돌아보면서 얼마간 자괴감을 느끼는 것으로 보인다. '동쪽 울타리에 핀 국화'는 당나라 시인 도연명을 가리키는 말이다. 도연명의 「잡시(雜詩)」에서 "동쪽 울타리 아래에서 국화를 따다 보니, 유연히 남산이 눈에 들어오네.[採菊東籬下, 悠然見南山.]"라고 노래한 데서 유래한 것이다. 도연명은 벼슬을 마다하고 고향으로 돌아가 은거하며 자신을 지켰는데, 조수삼은 그러지 못하고 평생을 떠돌아다녔다.

학자가 촉석루에 서면

시인들이 촉석루에 올라 그 정경을 묘사하고 풍류를 노래하는 데 주력하였다면, 학자들은 촉석루에 올라서도 수양의 자세를 잃지 않았다. 일없이 한가히 노닐 때도 마음은 학업에 있어야 한다는 이른바 '장수유식(藏修遊息)'의 정신이다.

회재(晦齋) 이언적(李彦迪 1491-1553)은 조선조 성리학사에서 중요한 위치를 차지하고 있다. 화담(花潭) 서경덕(徐敬德 1489~1546)의 기일원론(氣一元論)에 맞서 이우위설(理優位說)을 설파하였는데, 이런 주장은 영남학

파 성리설의 선구가 되고, 퇴계(退溪) 이황(李滉 1501~1570)에게로 계승되었다. 그가 촉석루에 올라 지은 시에서도 이러한 학자적 태도가 그대로 묻어난다.

깨끗한 못 거울처럼 이다지도 맑은지	澄潭靈鏡一般淸
고요한 밤 텅 빈 창에 잠 못 들어 하노라.	靜夜虛窓睡不成
굽어보고 우러러도 티끌 없이 트인 마음	俯仰浩然無點累
강 가득히 밝은 산 달 나 혼자서 아끼노라.	獨憐山月滿江明

이 시의 제목은 「차촉석루소헌운(次矗石小軒韻)」이니, 아마도 촉석루의 부속 건물인 쌍청당이나 능허당을 두고 지은 시에 차운한 것일 것이다. 촉석루의 경관을 구체적으로 노래하지는 않았지만 성리학적 사유를 담은 이언적의 다른 시와 대조해 보면 이 또한 그러한 범주에 드는 작품으로서 높은 경지에 있음을 느낄 수 있다. 거울처럼 맑은 못물은 마음을 두고 한 말이라고 보자. 그 깨끗한 마음으로 고요한 밤에 고즈넉이 창가에 앉아서 잠을 자지 않으면서 무슨 생각을 하는지 모른다. 그러다가 밝은 달이 산에 떠올라 강물을 환히 비추고 있는 정경이 눈에 들어온다. 그것을 보고 작자는 그 깨끗한 경치가 바로 자신의 마음과 같다는 것을 느끼고 홀로 희열을 만끽한다. 마음이 깨끗해지는 이 정경 속에는 다른 사람은 아무도 없어도 좋다. 자신의 마음공부가

향상되어 가면 그뿐인 것이다. 이언적의 성리학자적인 면모가 잘 나타난 작품이라 하겠다.

비슷한 시기의 성리학자인 이황도 이언적의 성향을 계승한 모습이 시에 나타나는 것을 볼 수 있다.

강호에 묻혀 산 지 얼마나 되었던고	落魄江湖知幾日
거닐며 시를 읊다 높은 누에 올라 보네.	行吟時復上高樓
공중에 비끼는 비 일시의 변화지만	橫空飛雨一時變
눈에 드는 긴 강은 만고에 흐르네.	入眼長江萬古流
둥지의 학 늙어가듯 지난 일 아득하고	往事蒼茫巢鶴老
들판 구름 떠가듯이 나그네 회포 요동치네.	羈懷搖蕩野雲浮
번화한 것 시인의 생각 속에 없으니	繁華不屬詩人料
한 번 웃고 말없이 푸른 물가 굽어보네.	一笑無言俯碧洲

이 시는 33세 때 지은 것으로, 제목은 「촉석루」이다. 촉석루에 올라 공중에 마구 뿌려대는 빗줄기를 바라본다. 그러자 문득 소나기는 하루 종일 계속되기 어렵다는 옛말이 떠오른다. 반면에 유장하게 흐르는 강물은 아무리 많은 시간이 흘러도 그대로이다. 여기에서 강물은 일시적인 외적 상황에 일일이 반응하기보다 언제나 자신의 중심을 잡아 흔들리지 않는 마음을 비유한다고 해도 좋을 것이다. 그리고 번다

하고 화려한 누각과 잘 맞지 않는 자신을 돌아본다. 자신이 화려함에 맞지 않는다고 하여 화려함을 배척하지는 않는다. 그저 빙긋이 웃으며 말없이 강물을 굽어보는 모습으로 역시 자신과 외물의 경계를 분명히 하고 자신을 지키는 모습을 보여 주고 있다. 김기찬의 「남정록」에 의하면 이 시도 예전에는 촉석루에 걸려 있었던 것이 확인된다.

남강의 뱃놀이

　　1618년 촉석루 중수가 마무리되었을 때 병사 남이흥을 위해 지었다는 권극중(權克中 1585~1659)의 장편시 「촉석편(矗石篇)」은 140행이나 되는 오언 고시이다. 첫머리에서 촉석루가 영호남에서 으뜸인 이유를 이렇게 설명하고 있다.

영호남에 명승이 셋 있는데	兩南有三勝
제각각 으뜸이라 각축을 벌이네.	角立爭雄嵒
그러나 광한루는 물이 적고	廣寒水爲小
영남루는 산세가 넉넉지 않지.	嶺南山不優
산과 물 둘 다 적당하기론	山水兩相稱
촉석루가 첫 손가락 꼽힌다네.	矗石居上頭

이어서 촉석루의 모습과 낙성식 장면을 묘사한 다음 이렇게 말한다.

남강 물 천 이랑이나 불어나	南江漲千頃
채색한 배 띄워서 거두지 않았네.	畫舸拋不收
위아래로 십 리쯤을	上下十許里
물길 따라 마음대로 오르내리네.	沿洄恣夷猶

남강에 물이 불어 유람선이 떠다닌 모양이다. 그만한 누각이 있고, 그만한 강물이 있으니 놀잇배가 있는 것이 어찌 보면 당연한 일이다. 낙정(樂靜) 조석윤(趙錫胤 1606~1655)도 그의 시에서 촉석루 아래 뱃놀이를 묘사하였다. 조석윤은 33세의 나이로 진주 목사가 되었으니 때는 1638년 가을이다.

남으로 와 큰 고을 원님 된 것 기쁘잖고	南來不喜作雄州
단지 촉석루에 오르는 것만 좋구나.	只愛登臨矗石樓
성 모퉁이 감도는 강 층암절벽 우뚝한데	江抱城隅層壁斷
하늘 아래 들 밖에는 먼 산이 떠있네.	天低野外遠山浮
깨끗한 모래 언덕엔 무지개다리 그림자 지고	虹橋影動明沙岸
백로주엔 채색한 배 빛을 받아 흔들리네.	畫舫光搖白鷺洲
좋은 경관 넉넉하고 풍치도 좋은데	形勝有餘風致好
난간에 기대니 무슨 일로 시름 절로 생기나.	倚闌何事自生愁

촉석루를 중수한 지도 20년밖에 되지 않았다. 그래서 그런지 진주 목사가 된 것보다도 촉석루에 오를 수 있다는 것이 더 좋다. 그러나 임진왜란과 병자호란을 겪은 지 오래지 않은 시기라서 좋은 경관을 보면서도 한편으로는 근심이 떠나질 않는다. 불과 40여 년 전에 겪은 참상을 쉽게 잊을 수 없기 때문이리라.

화려하게 단청을 한 배가 물에 떠서 흔들리는 모습을 묘사하고, 이어서 경치도 좋고 운치도 있다고 하였다. 지금은 아예 촉석루 아래에서 뱃놀이를 즐기는 모습을 볼 수 없지만, 얼마 전까지는 페달을 밟으며 오리 모양의 배를 타는 모습을 볼 수 있었다. 그러나 그 모습은 별로 운치가 있어 보이지 않았다. 여기에 전통미가 살아 있는 배가 있다면 한 번쯤 강물 위에서 풍류를 즐기고 싶은 욕구가 생겨날지도 모를 일이다.

비슷한 시기에 지은 현주(玄洲) 이소한(李昭漢, 1598~1645)의 시에도 남강의 뱃놀이 장면이 그려져 있다. 이소한은 1639년부터 1642년까지 진주 목사를 지냈는데, 당시에 멋진 배를 만들어 띄웠던 것으로 보인다.

촉석루 아래에는 정자선(亭子船)이 있었는데, 그 사이에 불어난 물에 떠내려갔고, 그 후로는 다시 만들지 않았다. 내가 부임한 이듬해 비로소 다시 일을 시작하여 옛 모습을 찾았는데, 잡목은 쓰지 않고 모두 대나무로 만들었다. 그리고 왕원지(王元之)의 황주(黃州) 고사를 따라 대나무로 지붕을 덮고, 대강 단청을 하여 꾸몄다. 그 해 4월 초파일에 등을

남강의 뱃놀이

남강의 뱃놀이 (진주 지도 부분-규장각한국학연구원 소장)

달아 물에 띄웠다. 마침 좌랑 이지무(李枝茂)가 한양으로 돌아가게 되어
부채에 써 주어 작별한다.

정자선이 물에 떠내려갔다고 한 것은 「촉석편」에서 말한 것과 일치
한다. 그러니까 정자선이 떠내려간 후로 다시 만들지 않은 지가 20년이
넘은 것 같다. 그래서 이소한이 부임하여 다시 만들었는데, 이번에는 대
나무를 사용했다고 하였다. 이렇게 긴 제목에 이어진 시는 다음과 같다.

기왕 이렇게 좋은 경치 있는데	旣有此山水
어찌 이런 고운 배가 없을쏘냐?	寧無此彩舟
새 정자선을 푸른 대로 덮으니	新亭覆綠竹

황주의 고사를 본받았도다.	故事倣黃州
뱃노래와 노랫소리 시끌벅적하고	棹曲兼歌鬧
물빛은 달을 띄워 흘러가누나.	波光漾月流
배를 다 만들어 두고서	那堪落成處
도리어 이별의 시름을 어이 견딜까.	還抱去留愁

　송나라 문인 왕우칭은 호북성 황주 태수로 좌천되었을 때 그곳에 대나무가 많은 것을 보고 대나무로 2칸짜리 작은 누각을 만들고 「황주죽루기(黃州竹樓記)」를 지었다. 이소한도 그것을 본떠서 배에 대나무로 정자를 만들어 띄웠다는 것이다. 기실 중국에서는 배 위에 대나무로 집을 만드는 일이 흔했으며, 아예 배 전체를 대나무로 만드는 경우도 많았다. 이른바 죽벌(竹筏)이라고 하는데, 특히 주자가 살았던 복건성 무이산의 무이구곡(武夷九曲) 죽벌은 유명하다. 관광객들은 깨끗한 강물에 발을 살짝 적시면서 대나무 뗏목 위에 만든 대나무 의자에 앉아 무이구곡의 경치를 즐긴다. 남강에도 대나무 배를 띄워서 왕년에 진주목사가 즐기던 풍광을 재현한다면 유람객들에게 특별한 경험을 선사할 수도 있을 것이다.

의암에 올라서서

촉석루에서 내려와 건물을
빙 돌아 남강 쪽으로 가면 좁
은 석문을 통과하여 바위 벼
랑 위로 나가게 된다. 절벽 끝
에 다가서며 간담을 시험해
보고 비탈을 따라 내려가면
왼쪽에 '의기논개지문(義妓論介
之門)'이란 편액이 걸린 비각이
있다. '의기논개지문'이란 정
표(旌表)는 1740년에 경상우
병사 남덕하가 영조에게 아
뢰어 윤허를 받은 것이다. 비
각 안의 「의암사적비명」은
명암 정식이 지었는데, 대체
로 『어우야담』의 기사를 그
대로 옮기고, 끝에 다음과 같
은 명을 덧붙였다.

의기논개지문

의암 글씨-정대륭

가파른 저 바위 위에	獨峭其巖
우뚝 선 그 여인	特立其女
그 여인은 이 바위 아니었더라면	女非斯巖
어디에서 죽을 곳을 얻었을 것이며	焉得死所
이 바위는 그 여인 아니었더라면	巖非斯女
어떻게 의암이란 명성을 얻었으리.	烏得義聲
한 줄기 강가의 높은 바위	一江高巖
만고에 향기로운 이름 전하네.	萬古芳貞

논개가 투신했다는 바위는 의암(義巖)이라고 불리게 되었다. 촉석루에서 남강으로 내려가면 강 언덕에서 한 걸음 떨어져 있는 반듯한 바위이다. 이 바위의 서쪽 면에는 전서체로 쓴 '義巖'이라는 글씨가 새겨져 있는데, 정문부의 아들 정대륭(鄭大隆 1599~1661)의 필치로 알려져 있다. 의암에 대해 오두인(吳斗寅 1624~1689)은 「의암기(義巖記)」를 지었는데, 논개가 적장을 안고 강물로 뛰어든 이야기와 함께 김해 부사 이종인과 창의사 김천일 역시 이 바위에서 강물로 뛰어들어 최후를 마친 이야기를 첨가하였다.

논개에 대한 추모 열기는 오래전에 시작되었다. 의기사에서는 논개가 죽은 날, 즉 매년 6월 29일의 정충단 제사 다음 날에 진주의 기생들

의암별제 - 2019년

이 주관하여 제사를 지냈다. 그 대표적인 것이 의암별제(義巖別祭)이다. 의암별제는 진주 목사 정현석(鄭顯奭 1817~1889)이 시작하였다. 정현석은 1867년에 부임하여 의기사를 중건하고, 그 이듬해인 1868년에 유교식으로 논개의 제사를 지냈다. 제관 이하 필요한 인원은 모두 진주의 관기 300여 명이 담당하였다. 그중에는 노래하는 사람, 춤추는 사람, 악공 등도 있었다. 이에 대한 기록은 정현석이 쓴 『교방가요(敎坊歌謠)』라는 책에 자세히 적혀 있다.

오늘날에는 의암별제와 진주탈춤한마당 두 축제를 주축으로 하는 진주논개제가 해마다 5월 중에 진주성 일원에서 열리는데, 수많은 부대 행사와 체험 행사를 곁들여 성대하게 진행된다.

시인 변영로(卞榮魯 1897~1961)가 1922년에 발표한 시 「논개」는 논개의 높은 의기와 고결한 죽음을 노래한 절창으로, 지금도 촉석문 밖 시비에 새겨져 있다.

> 거룩한 분노는 종교보다도 깊고
> 불붙는 정열은 사랑보다도 강하다.
> 아! 강낭콩 꽃보다도 더 푸른 그 물결 위에
> 양귀비꽃보다도 더 붉은 그 마음 흘러라.
> 아리땁던 그 아미 높게 흔들리우며
> 그 석류 속 같은 입술 죽음을 입 맞추었네!
> 아! 강낭콩 꽃보다도 더 푸른 그 물결 위에
> 양귀비꽃보다도 더 붉은 그 마음 흘러라.
> 흐르는 강물은 길이길이 푸르리니
> 그대의 꽃다운 혼 어이 아니 붉으랴.
> 아! 강낭콩 꽃보다도 더 푸른 그 물결 위에
> 양귀비꽃보다도 더 붉은 그 마음 흘러라.

꽃잎처럼 가냘픈 몸이라 할지라도 죽음을 두려워하지 않는 저항정신을 품고 있던 사람, 논개는 바로 그런 사람의 한 전형인 것이다. 불의와 억압에 대해 분노할 줄 모르는 것이야말로 우리가 경계해야 할 것임을 다시금 일깨워 주는 시이다.

정충단비

진주성 임진대첩 계사순의단

의암을 뒤로하고 절벽을 올라와 촉석루로 돌아온 다음, 담장을 벗어나 북쪽으로 계단을 오르면 평평한 광장이 나온다. 광장 북쪽 끝에는 왼쪽으로 진주 목사 김시민의 전공비가 있고, 오른쪽으로 촉석정충단비가 있다. 다시 서쪽으로 몸을 돌려 계단을 오르면 새롭게 조성한 진주성 임진대첩 계사순의단(晉州城 壬辰大捷 癸巳殉義壇)을 볼 수 있다.

정충단비는 숙종 12년(1686)에 건립되었다. 당시 어영대장 서문중이 영남지방을 순찰하다가 진주에 들러 여러 사람이 순국한 곳을 직접 보고는, 그들의 행적이 매몰될까 저어하여 후세에 알릴 방법을 찾은 것이다. 경상우병사 이기하(李基夏)가 일을 주관하고, 통제사 김세익(金

정충단비

世翊)이 비용을 조달하였다. 정충단의 비석에 새길 글은 이민서에게 청탁하였다. 이민서는 이 비문에서 1, 2차 진주성 전투의 전말을 기록하였는데, 여기에 호남삼장사를 위시해서 사천 현감 장윤, 김해 부사 이종인 등 여러 사람의 행적이 기록되어 있다. 그 가운데 1차 진주성 전투는 비교적 간략히 서술하였다.

이때 판관 김시민은 적이 쳐들어오기 전에 고을의 병사를 규합하여 사천과 고성의 적들을 격퇴하고, 진해와 금산에 자리 잡고 있는 적장을 무찔러 위세를 크게 떨치고 돌아왔다. 그리고 방어할 도구를 정비하고 적을 기다렸다. 6월이 되자 과연 적들이 많이 몰려와 성을 에워쌌다. 성 안에 있는 병사는 천 명이 되지 않는데, 적장 소서행장은 여러 부대에 있는 병사 십여 만 명을 모아 성을 포위하고 엿새 동안 공격하였다. 적은 많고 아군은 적어 마치 계란을 깨는 것 같은 형세였지만, 김 공은 여유를 부리며 때로는 피리를 불고 거문고를 탔다. 그러자 군졸들이 믿고 안도하였다. 여러 장수들을 격려하니 의기충천하였으며, 병사들도 모두 감읍하여 기회를 보아 싸우러 나가고 기묘한 계책을 내기도 하였다. 적들은 죽고 다친 사람이 쌓이니 이기지 못할 줄을 알고 군대를 거두어 물러갔다. 적이 물러간 날 공은 홀연히 유탄에 맞아 성 위에서 떨어졌다. 고을의 백성들과 병사들은 부모를 잃은 것처럼 슬퍼하였다.

그리고 2차 진주성 전투에 대해 자세히 서술하고 있는데, 내용은 대략 다음과 같다.

호남창의사 김천일이 홀로 분발하여 여러 장수들에게 말하기를, "진주는 호남과 가까우니 진주가 없으면 호남도 없을 것이오. 더러 성을 비우고 적을 피하기를 바라는 사람이 있는데, 좋은 계책이 아닙니다. 힘을 합쳐 튼튼히 지켜서 적을 막아내는 것만 못합니다."라고 하였다. 그런데 호응하지 않고 흩어져 떠나간 장수가 많았다. 김천일이 경상우병사 최경회와 충청병사 황진, 의병장 고종후, 사천 현감 장윤 등 10여명과 함께 병사들을 이끌고 성으로 들어갔다. 당시에 김해 부사 이종인이 먼저 성에 들어와 있었다. 장수들의 병사는 겨우 천 명 정도였고, 백성들은 모두 6,7만 명이었다. 의병장 강희열, 이잠 등도 뒤이어 이르렀다. 진주 목사 서예원은 평소 겁이 많고 군대 일을 몰라 방어할 계획은 모두 김천일이 맡았으니 주객이 전도된 것이었다.

(중략)

6월 20일에 적의 선발대가 이미 진주의 경내에 이르렀다. 오유, 이잠 등이 성을 나가 적을 염탐하고 몇 명의 목을 베어 돌아오니, 성 안에서는 요란하게 북을 울렸다. 김천일이 양산숙을 명나라 총병 유정에게 보내 지원병을 요청하였는데, 유정은 적을 두려워하여 끝내 군대를 출동시키지 않았다. 그 다음날 적이 대거 몰려와서 성을 세 겹으로 에워싸고 성 아래로 진격해 들어왔다. 대나무를 엮어 자신을 가리고 그 안에서 대포를 쏘니 탄환이 비 오듯 쏟아졌는데, 성 안에 있는 사람들이 모두 힘껏 막아냈다. 적들은 또 밤을 틈타 동문으로 돌격하여 소리를 치며 성에 오르니 그 소리가 천지에 진동하였는데 황진 등이 격퇴하였다. 하루는 적이 갑자기 서북쪽 모퉁이를 공격하여 거의 무너질 뻔했는데, 황진이 칼을 빼들고 군사를 독려하면서 성가퀴 쪽으로 올라가 활을 쏘았다. 적이 또 흙으로 산을 쌓아 성을 내려다보면서 공격하자 황진도 높은 언덕을 쌓아 대항하였다. 적들이 또 판잣집을 지어서 큰 나무 위에 두고는 불을 질러 성 안에 있는 가옥을 태우니 황진이 대포를 쏘아 그들은 무찔렀다. 당시에 오래 비가 내려서 성 한쪽 모퉁이가 무너지자 적들이 마침내 그곳으로 쳐들어왔는데, 김준민이 힘껏 싸우다 죽었다. 적이 또 성 동쪽과 서쪽에 다섯 개의 언덕을 만들고, 그 위에 올라가 탄환을 쏘아 강희보가 죽었다. 황진은 불화살을 쏘아 그 울짱을 불살랐다. 적이 또 큰 궤짝을 만들어 네 바퀴 달린 수레 위에 두고서, 갑옷을 입은 자가 수레를 끌어 성에 다가와서는 철퇴로 성을 뚫었다. 그러자 황진은 다발에 불을 붙이고 기름을 부어 불태워 버렸다. 그 후로도 적이 몰래 와서 성에 구멍을 내었는데 황진 등이 죽기 살기로 싸웠다. 적의 우두머리 한 명이 탄환을 맞고 쓰러졌고, 적병 중에는 죽은 자가 천 명이 넘었다. 적이 물러가자 황진이 성에 올라 전황을 살폈는데, 갑자기 어떤 적이 쏜 탄환에 왼쪽 이마를 맞고 죽었다. 군중에서는 장윤에게 황진을 대신하여 지휘하도록 하였는데, 조금 지나서 또 전사하였다. 황진과 장윤의 지략과 용기가 여러 장수들 가운데 으뜸이었는데, 일시에 모두 죽으니 사졸들이 기가 죽었다. 적들이 무너진 성가퀴로 개미떼처럼 기어오르자 이종인 등이 싸우기를 독려하며 막아냈다. 결국 적들이 서북쪽으로 뛰어 들어오니 서예원은 먼저 달아나고 군대가 크게 무너졌다. 김천일 등이 촉석루에 있다가 그의 아들 상건과 고종후, 최경회, 양산숙 등 수십 명과 함께 북쪽을 향하여 두 번 절하고 남강에 빠져 죽었다. 이종인, 이잠, 강희열 등 십여 명이 칼을 뽑아들고 적을 베다가 힘이 다하여 죽었다. 이종인이 죽으려 하면서 적 두 명을 겨드랑이에 끼고 물로 뛰어들면서 소리치기를, "김해 부사 이종인이 여기에서 죽는다."라고 하였다. 이 날이 29일이다.

이렇게 하여 성이 함락되던 날, 군졸과 백성들은 모두 도륙을 당하고 한 사람도 살아남지 못했으며, 심지어 소나 말, 닭이나 개까지도 모조리 죽임을 당했다. 성이 무너지고 참호는 메워졌다. 왜적은 우물도 막아버리고 나무는 잘라버려 전에 당했던 데 대해서 분풀이를 하였다. 그러나 이때부터 적도 예봉이 꺾여서 다시 힘을 쓰지 못하였으니, 호남이 그 덕분에 무사할 수 있었다. 이렇게 열심히 싸우다 전사한 여러 장수의 얘기를 자세히 전하고, 이어서 창렬사와 정충단의 조성과 비문을 짓게 된 내력도 기록해 두었다. 비문 끝에 붙인 사(詞)는 다음과 같다.

아아! 진주성의 일이 어찌 슬프지 않으리?

도적들이 거듭 날뛰고 형세가 더욱 사나워, 나라가 바야흐로 무너지려 하는데 원병은 이르지 않았도다.

아군과 명나라 군사가 서로 시기하다가 패전하여 시체를 메는 흉한 일을 겪고, 사람들은 많았지만 개미떼, 벌떼 모인 것 같았네.

그들은 허둥대고 비명을 지르다 끝내 죽임을 당하였네.

다만 지사와 어진 이들만 맨주먹을 휘두르며 탁월한 공을 세웠네.

사람들은 어찌 좋지 않은 꾀를 내었으며, 하늘은 어찌 나쁜 복을 내릴 생각을 하였는가.

촉석루는 우뚝하게 서 있고, 남강 물은 만고에 흐르네.

어지러운 연기 시름하고 빗줄기도 우는데, 혼백은 굳세어 위엄과 노기를 떨치네.

맑은 술과 살찐 고기 바쳐 봄가을로 제사를 받들어 남쪽 땅을 깨우네.

진주성 서쪽 경내에 있는 창렬사(彰烈祠)에는 2차 진주성 전투에서 전사한 장수와 군졸의 신위가 안치되어 있다. 임진왜란이 끝난 직후인 1595년에 경상감사 정사호(鄭賜湖)가 건립하였고, 1607년에 사액되었으며, 1712년에 병사 최진한(崔鎭漢)이 중수하였다. 또 김시민이 순국한 지 60년 후인 1652년에 김시민을 모시는 충민사가 창렬사 동쪽에 세워졌으며, 1667년에 사액을 받았다. 그런데 이 충민사는 흥선대원군 때 철폐되고 김시민은 창렬사에 같이 모셔지게 되었다. 창렬사의 정사(正祠)에는 최경회, 황진, 김천일, 김시민, 장윤, 고종후, 그리고 종부시주

창렬사

부 유복립(柳復立) 등 일곱 분의 신위가 모셔져 있고, 나머지 33위의 신위는 동사(東祠)와 서사(西祠)에 나뉘어 모셔져 있다.

내 마음속의 촉석루

하늘은 유난히 푸르다. 촉석루 답사를 마치고 돌아 나와 쌍충사적비각 옆 성가퀴 사이로 난 좁은 문을 통해 성벽 아래로 내려가 아낙들이 빨래하던 자리에 서 본다. 남강 물은 하늘빛을 받아 더욱 푸르게 보이는데, 강물 속에 거꾸로 잠긴 촉석루의 모습이 왠지 착잡하다. 진주, 남강, 촉석루. 그 이름이 안고 있는 세월의 무게와 그 속에서 살아간 사람들의 체취가 새삼스럽게 다가온다. 진주 사람들에게 남강은 단순한 자연물이 아니다. 촉석루는 그저 휴식과 연회만을 위한 다락이 아니다. 거기에는 사람이 살아온 흔적이 담겨 있고, 사람이 살아가는 이치가 덧씌워져 있다. 옳고 그름을 가리고, 부당함에 결연히 항거하는 결기와 실천력이 있다. 진주낭군의 부당한 처사를 받아들이지 못한 아낙, 왜적의 침입에 대항하여 싸운 병사, 더럽혀지기보다 죽음을 택한 논개와 삼장사, 처지를 돌보지 않고 탐욕을 꾸짖은 기생 산홍, 그리고 촉석루를 노래한 많은 시인, 그들의 유전자에는 공통적으로 남강과 촉석루가 새겨져 있었다.

　남강의 물 냄새를 맡으며 저만치 있는 촉석루를 올려다본다. 8백 년 가까운 세월 동안 온갖 풍상을 다 겪고도 지금은 다시 의연히 서 있는 촉석루의 모습이 고맙기도 하다. 착잡해 보이던 촉석루의 모습이 든든해 보이기 시작한다. 그리고 촉석루의 모습에 사람의 모습이 겹쳐 보인다. 곡절 많은 인생을 돌아보며 한 곡조 뽑아내는 피리 소리처럼, 촉석루가 전해 주는 이야기에 잠시 귀를 기울인다.

　　진주라 천 리 길을 내 어이 왔던고.

　　남강 가에 외로이 피리 소리를 들을 적에

　　아~ 모래알을 만지며 옛 노래를 불러 본다.

　　　　　　　　「진주라 천 리 길」(1941년. 작사 이가실, 작곡 이운정, 노래 이규남)

내 마음속의 촉석루

참고 문헌

<원전 자료>

『三國史記』   白文寶,『淡庵逸集』   趙秀三,『秋齋集』

『高麗史』   徐居正,『四佳集』   趙任道,『澗松集』

朝鮮王朝實錄   徐有本,『左蘇山人集』   崔興遠,『百弗菴集』

『承政院日記』   成汝信,『浮査集』   河崙,『湖亭集』

『高宗實錄』   成海應,『研經齋全集』   河受一,『松亭集』

『東文選』   成煥赫,『于亭集』   河演,『敬齋集』

『東國輿地勝覽』   申維翰,『青泉集』   河應圖,『寧無成齋逸稿』

『新增 東國輿地勝覽』 安邦俊,『隱峯全書』   河溍,『台溪集』

『輿地圖書』   安軸,『謹齋集』   韓夢參,『釣隱集』

『晉陽誌』   柳夢寅,『於于野談』   韓愉,『古詩歸·矗樓事蹟』

『晉陽誌續修』   俞好仁,『㵢溪集』   黃暐,『武愍公實記』

姜大遂.『寒沙集』   李穀,『稼亭集』   黃暐,『旌忠錄』

姜濂,『晚松姜公實記』 李魯,『松巖集』   黃玹,『梅泉野錄』

姜渾,『木溪逸稿』   李陸,『青坡集』   黃玹,『梅泉集』

郭再祐,『忘憂堂全書』 李昭漢,『玄洲集』

權克中,『青霞集』   李彦迪,『晦齋集』

權道溶,『秋帆文苑』   李震相,『寒洲集』

奇宇萬,『松沙集』   李滉,『退溪集』

金驥燦,『東郭遺稿』   鄭文孚,『農圃集』

金誠一,『鶴峯集』   鄭栻,『明庵集』

金馹孫,『濯纓集』   丁若鏞,『與猶堂全書』

金千鎰,『健齋集』   鄭顯奭,『敎坊歌謠』

南孝溫,『秋江集』   趙錫胤,『樂静集』

閔思平,『及菴詩集』   趙性家,『月皐集』

<저서>

· 경상대학교박물관, 『진주, 진주성 : 진주의 강역변화와 진주성도』, 경상대학교박물관, 2013.

· 국립문화재연구소, 『한국의 고건축』, 국립문화재연구소, 1982-2003.

· 국립진주박물관, 『진주성도』, 국립진주박물관, 2013.

· 김수업, 『논개』, 지식산업사, 2001.

· 김시박, 『촉석루중삼장사시 고증』, 촉석루중삼장사추모계, 1981.

· 김준형, 『진주성 이야기』, 알마, 2015.

· 김해영, 『진주 역사』, 문화고을, 2010.

· 류범형, 『진주정신 촉석루』, 우리문화사, 2002.

· 박언곤, 『한국의 누』, 대원사, 1993.

· 영남문학회, 『촉석루지』, 촉석문우사, 1960.

· 이갑규, 김신곤, 김봉규, 『한국의 혼 누정』, 민속원, 2012.

· 지승종, 『진주성 전투』, 알마, 2014.

· 진주문화원, 『진주성문화유적해설집』, 진주문화원, 2009.

· 하강진, 『진주성 촉석루의 숨은 내력』, 경진, 2014.

· 하응백, 『창악집성』, Human & Books, 2011.

· 한국사진작가협회 진주지부, 『사진으로 본 진주』, 한국사진작가협회 진주지부, 1999.

· 황경규, 『촉석루』, 사람과 나무, 2011.

· 황대영, 『진주예찬』, 진주문화원, 1996.

· 고토 분지로 저, 손일 역, 『조선기행록』, 푸른길, 2010.

<논문>

· 김덕진, 「임진왜란과 진주 삼장사」, 『역사학연구 57집』, 호남사학회, 2015.

· 김범수, 「촉석루 창건고」, 『경남향토사논총 II』, 경남향토사연구협의회, 1993.

· 김인환, 「용사일기 논고 – 송암 이로 기록의 문제점 변증」, 1977.

· 김해영, 「'촉석루중삼장사' 시의 사적에 관하여」, 『남명학연구 38집』, 남명학연구소, 2013.

· 박경원, 「진주 촉석루 창건고」, 『미술사학연구』, 한국미술사학회, 1985.

· 박성식, 「계사 진주성 전투 삼장사고」, 『대구사학 20·21집』, 대구사학회, 1982.

· 박용국, 「진주성 촉석루의 연혁 고증과 그 이야기, 『선비문화』, 남명학연구원, 2014.

· 이재호, 「역사기록의 허실에 대한 검토 – 특히 촉석루 '삼장사시' 작자의 경우」, 『역사와 세계 8집』, 부산대사학회, 1984.

· 이호열, 「밀양 영남루 연혁 및 건축형식 변천에 관한 연구」, 『건축역사연구 9권 1호』, 한국건축역사학회, 2000.

· 최석기, 「촉석루 연혁 재고」, 『동양한문학연구』, 동양한문학회, 2015.

· 최재양, 「진주성 삼장사 논쟁 종식에 관한 소고」, 『국향사료보』, 광주전남사료조사연구회, 1992.

· 하강진, 「진주성 촉석루 제영시의 제재적 성격」, 『한국문학논총 50집』, 한국문학회, 2008.